BIBLIOTHÈQUE ALGÉRIENNE ET COLONIALE

# LES KABYLES

## ET LA

## COLONISATION DE L'ALGÉRIE

VERSAILLES. — IMPRIMERIE CERF, RUE DU PLESSIS, 59.

ÉTUDES SUR LE PASSÉ ET L'AVENIR DES KABYLES

# LES
# KABYLES

ET LA

## COLONISATION DE L'ALGÉRIE

PAR

## LE BARON HENRI AUCAPITAINE

SOUS-LIEUTENANT AU 36° DE LIGNE

« Si l'on fait les conquêtes par la force, on ne les
consolide que par la liberté et la justice. »

Discours de M. le général Yusuf au Conseil-
général de 1862.

$13\frac{94}{63}$

CH.

| PARIS | ALGER |
|-------|-------|
| CHALLAMEL AINÉ | H. BASTIDE |
| LIBRAIRE-COMMISSIONNAIRE | LIBRAIRE-ÉDITEUR |
| 30, rue des Boulangers. | Place du Gouvernement. |

CHEZ TOUS LES LIBRAIRES DE L'ALGÉRIE

1864

1863

Dédié à

## M. LE COMMANDANT J.-B. CÉRÈZ

ANCIEN ÉLÈVE DE L'ÉCOLE POLYTECHNIQUE, OFFICIER DE LA LÉGION
D'HONNEUR, EX-CHEF DE BUREAU ARABE, CHEF DE BATAILLON
AU 1er TIRAILLEURS ALGÉRIENS

*Comme une faible preuve d'affection et de reconnaissance.*

# AVANT-PROPOS

A côté du peuple arabe, campé dans les vallées atlantiques, vit un autre peuple soumis à des conditions toutes particulières d'existence : je veux parler des Berbers-Kabyles dont la nationalité a été rompue, brisée, morcelée par les dominateurs qui ont successivement envahi le nord de l'Afrique.

Ces Kabyles, habitants des montagnes, forts de leurs municipalités démocratiques, ouvrant des refuges aux proscrits de toutes les races, ne reconnaissant d'autre loi que le travail et la liberté, ayant résisté aux conquêtes et aux invasions, sont appelés à prendre un grand développement dans la civilisation et le peuplement du nord de l'Afrique.

Leur physionomie originale a frappé les observateurs, ainsi que le témoignent les livres de MM. Daumas, Carette, Lapène, Berbrugger. Devaux.

L'histoire nous apprend que les Berbers, alors habitants des plaines, furent les colons sérieux de l'époque romaine. Un rôle analogue leur est réservé dans l'avenir, et c'est par leur intermédiaire que nous pouvons régénérer le peuple arabe.

Ce livre est dicté par la conviction longuement acquise des services que peut rendre le peuple Kabyle à l'œuvre de progrès et d'humanité entreprise par la France en Algérie.

# PREMIÈRE PARTIE

# L'AVENIR

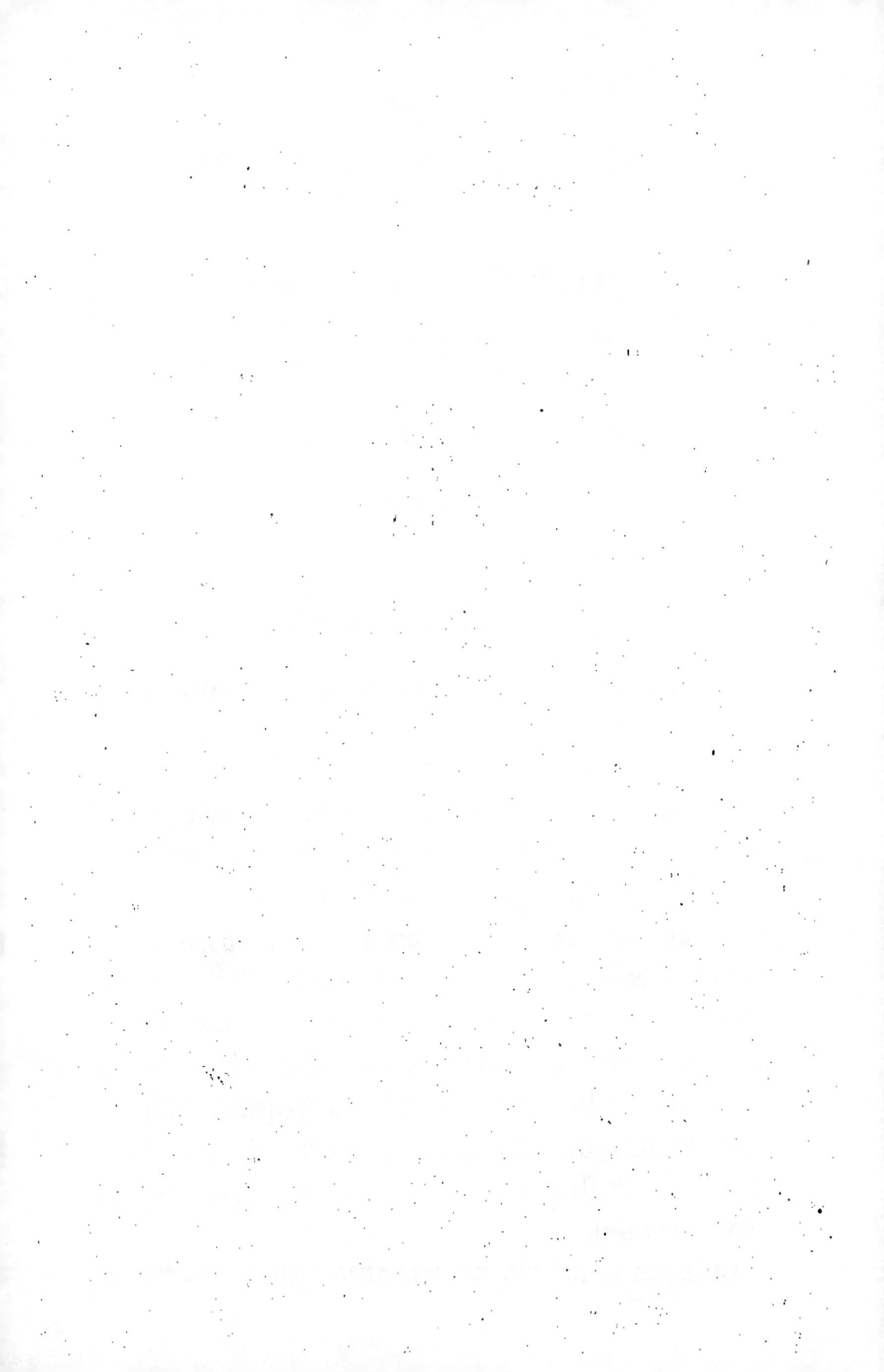

# LES KABYLES

ET LA

## COLONISATION DE L'ALGÉRIE

---

## PREMIÈRE PARTIE

## L'AVENIR

---

### CHAPITRE PREMIER

#### Organisation politique et sociale des Kabyles.

### I

L'organisation politique et sociale des tribus Kabyles est essentiellement démocratique. L'unité administrative du pays est le village *(Thaddert)*, représenté par la Djêma ou réunion de tous les hommes en état de porter les armes. Cette assemblée juge sans appel les délits et contestations de toute nature ; elle dispose des dépenses et revenus dans l'intérêt général. La fréquentation de ces conseils a donné aux Kabyles des notions exactes sur les droits de l'homme à la liberté et le respect dû aux lois établies.

Lorsque le kabyle ne travaille pas, il vit sur la

place publique, véritable forum au petit pied, où, électeur, orateur, juge, juré, magistrat, gouvernement, il est dans le perpétuel exercice de sa souveraineté.

Le plus misérable village Berber offre l'intéressant spectacle d'une vie politique réelle, active, toute démocratique et républicaine; cette commune nomme ses magistrats, se taxe, répartit et lève l'impôt sur elle-même, faisant ainsi graviter dans son humble sphère des intérêts, des passions, des devoirs et des droits.

Les bourgades sont divisées en quartiers qui nomment chacun un représentant *(Tamen)* (1). Ce fonctionnaire, premier échelon du système représentatif, est l'intermédiaire obligé entre le chef du village et les gens de la fraction dont il est spécialement chargé de représenter les intérêts et de défendre les membres absents.

A un jour fixé, tous les hommes du village se réunissent pour élire le chef *amîne*, ou comme on le désigne dans le langage usuel *amokrân*, le grand.

On s'assemble dans une des maisons communes, le plus souvent sur la pelouse d'un cimetière, à l'ombre des frênes et des oliviers : un thaleb lit la prière et on procède à l'élection. Tout membre de la Djêma peut être élu amîn ; mais ces fonctions nécessitent une certaine fortune, une réputation de vertu et d'expérience qui réduisent de beaucoup le

(1) Littéralement : la caution, le répondant.

chiffre des compétiteurs. Le choix se fixe le plus souvent sur ceux que leurs richesses ou le nombre de leurs adhérents rendent influents. — Depuis long-temps, les mérites des concurrents ont été discutés dans ces réunions du soir, où les Kabyles se reposent de leurs travaux en causant des intérêts du jour : habituellement l'élection est faite d'avance par l'opi-nion publique. Mais fréquemment aussi les fractions du village ne sont pas d'accord, et les levains de dis-corde qui fermentent dans toutes les têtes kabyles, n'attendent que cette occasion pour éclater. L'as-semblée devient alors bruyante, tumultueuse même ; les Tamen, les hommes influents, les orateurs font valoir les droits de leurs candidats.

Souvent, on a vu ces incidents parlementaires dé-générer en violentes querelles : les partis couraient aux armes... la poudre parlait... le village restait sans amîne quelquefois plusieurs mois. Les divers quartiers d'une même bourgade étaient en hostilités permanentes, ayant leurs gardes, leurs postes avan-cés, leurs maisons fortifiées. La grande rue, les fon-taines restaient terrain neutre (1).

(1) Aïth-Chouarikh, grand village des Beni-Abbos, Thaourirt-Amo-krân, chez les Iraten, offrent des exemples de ces divisions. Une analogie remarquable et qui n'est pas la seule existe entre les Berbers des villages kabyles et ceux des K'sours Sah'riens : ainsi Touggourth, Ouaregla, Bou-Saâda, El-Ar'ouat, etc., voyaient fré-quemment éclore dans leur sein des luttes souvent longues et san-

La chose était parfois plus prosaïque; on se bornait à échanger quelques gourmades et généralement le bon sens et l'esprit positif des Kabyles ne tardaient pas à reprendre le dessus.

L'élection régulièrement terminée, le nouvel amine s'engage à respecter les droits de tous et à surveiller les intérêts communs. La durée de ses fonctions est rarement limitée; il peut être réélu.

Chef du pouvoir exécutif, ses attributions sont peu étendues, son initiative très-restreinte et son administration, en paix comme en guerre, constamment surveillée par la djêma. Il fixe les redevances dues par chaque maison pour hospitaliser les voyageurs et les malheureux, et préside aux distributions de viande faites à tous les habitants du village. Il régularise les corvées de secours aux cultivateurs ruinés et réglemente les journées de travail pour les établissements religieux ou les travaux d'utilité générale. Mais chacun a le droit d'en appeler à la djêma, s'il se trouve trop fortement imposé ou irrégulièrement taxé par rapport aux autres citoyens.

glantes qui divisaient des populations appelées à vivre sous les mêmes ombrages et à s'abreuver aux mêmes fontaines.

Les habitants d'un village divisés en deux partis également puissants, forcés cependant par les circonstances de reconnaître le chef élu par l'un d'eux poussent la prudence jusqu'à nommer deux censeurs, *ammeçouab*, spécialement chargés de veiller à ce que le chef régulièrement élu n'abuse pas de son pouvoir vis-à-vis des fractions opposées.

Toute concussion ou abus de pouvoir est donc rendu impossible par la participation constante de chaque habitant à la gestion de ses intérêts.

Dans certaines tribus, les amînes réunis nomment un chef qui, sous le nom d'*amîne-el ouména* (amîne des amînes), est chargé de réunir les djéma pour les questions d'intérêt général, telles que les relations avec les autres tribus, les affaires de guerre ou d'alliance. Ce chef, comme les autres fonctionnaires kabyles, ne peut prendre aucune décision sans l'avis et le consentement de tous, encore moins s'immiscer dans les questions intérieures des municipalités.

Le véritable pouvoir prépondérant et insaisissable de la politique et de l'administration kabyle, est l'opinion publique qui, ombrageuse et défiante, guide et détermine d'avance les actes des fonctionnaires de tous les degrés (1).

A côté de cette organisation remarquable, on trouve les exagérations des formes républicaines. De là l'asservissement dans la liberté; car un village, pour ne pas être dominé par telle ou telle fraction,

(1) Il existe néanmoins en Kabylie, ou plutôt sur les confins de ce pays, quelques grandes familles, — en fort petit nombre, il est vrai, — dont l'influence héréditaire s'est maintenue ou étendue sur certaines fractions au-dessus de la constitution réellement républicaine.

L'hérédité, ailleurs que dans ces familles, n'apparaît que par accident : l'élection est partout.

ne craint pas d'appeler l'ennemi extérieur, suscitant ainsi des jalousies et des guerres sans fin.

En résumé, ce sont des municipalités avec magistrature élective, droit de paix et de guerre, une image exacte de ces communes des cinquième et sixième siècles, auxquelles les historiens ont donné le nom de *Respublica* (1).

## II

La nature accidentée des pays kabyles semble avoir nettement déterminé le territoire des tribus : elles occupent des îlots montagneux, des contreforts ou des crêtes dont les frontières fortement tranchées n'ont pas peu contribué à maintenir l'état de guerre qui longtemps a été la condition normale de ces cantons.

La tribu, telle qu'elle est constituée en pays arabe, n'existe pas en Kabylie, où il n'y a que des villages dont la *propriété individuelle* est la base, car la législation musulmane relative à la propriété n'a jamais été en usage chez les Berbers.

La réunion d'un certain nombre de communes forme la tribu : *arch* (2). Un groupe de tribus donne

(1) AUGUSTIN THIERRY : *Lettre sur l'histoire de France*, p. 194.
(2) Aussi la plupart des tribus véritablement Berbères portent-elles rarement un nom patronymique, mais plutôt une dénomination

naissance à la confédération : *k'bîla*. C'est de ce mot k'bîla que les K'bâïles, ou comme nous les appelons les Kabyles, ont pris leur nom : *k'baïle* signifie *homme de l'association* et désigne ainsi l'individualité propre à chacun des membres de ce peuple remarquable (1).

Les k'bîla ont pour centre politique la zaouïa la plus vénérée de leur circonscription. De ces sanctuaires de prière et de charité, placés sous l'égide de saints personnages, partent les idées de guerre et de paix. Ce sont des lieux de réunion où chacun va puiser des inspirations. Les confédérations corres-

générale : « *Aïth Boudrar*, les gens, ceux de la montagne... *Aïth Ouassif*, les gens de la rivière... » D'autres impliquent une idée de *gens à la suite*, de clientèle, souvenirs évidents des migrations premières : « *Aïth Ouaguennoun*, les gens, ceux du fils de Guennoun... *Aïth Yah'a*, les gens, la suite, le groupe de Yah'ia... *Aïth Meraou*, les gens, la clientèle des dix (*). » Il en est de même pour les noms des lieux, tous empruntés soit aux accidents de terrain, soit aux productions naturelles.

(1) Ces mots sont encore usités avec le même sens dans l'Afghanistan et dans la péninsule arabique. Les tribus du Oman et du Hadramaout (dont quelques-unes sont, je crois, de même souche que nos Kabyles) sont formées en *k'bîla*, dont les membres sont désignés sous le nom de K'baïls par les Arabes du Hedjaz. — Ce n'est qu'au xiiie siècle, après la véritable invasion arabe, que nous voyons appliquer cette dénomination aux Berbers de l'Afrique septentrionale.

(*) *Meraou* est le chiffre dix de la numération berbère, presqu'oubliée chez les Kabyles, mais dont se servent encore les Touaregs et les Berbers du Souf et de l'Oued-R'ir.

pondent aux grandes lignes topographiques du pays :
la k'bîla comme l'arch, le village comme la fraction,
sont donc plutôt subordonnés aux accidents physi-
ques qu'à des causes politiques.

On peut affirmer que le mamelon représente la
commune, le contrefort la fraction de tribu, la montagne la tribu, et enfin la chaîne de montagnes la
k'bîla. Comme conséquence de cette physionomie
générale de la région kabyle, on doit remarquer l'indépendance — toujours subordonnée au sol — dans
laquelle sont les villages, par rapport aux tribus et
celle bien plus grande encore des tribus vis-à-vis de
la confédération. Néanmoins, à une époque maintenant impossible à fixer, quelques tribus exerçaient
vis-à-vis de certaines autres une sorte de suzeraineté
dont il serait difficile de préciser la nature. Cela
s'est vu dans certaines républiques de l'antiquité, et
les Berbers Touarêgs nous offrent aujourd'hui des
exemples de ce servage d'une masse envers une autre, sans qu'il y ait pour cela servitude ou même
vasselage individuel.

Il ne sera pas hors de propos de faire remarquer
ici qu'on a plusieurs fois, dans ces dernières années,
comparé l'organisation des kabyles avec la confédération Suisse ; mais la liberté communale existe depuis peu seulement dans la plupart des cantons Hel-
vétiques. C'est dans leurs ligues qu'il serait plus

juste de chercher les analogies entre ces deux peuples.

Les éléments divers groupés dans un village ont déjà trop de peine à s'entendre entre eux pour qu'à l'instant où il s'agit d'aggrégations considérables, il ne se produise pas des dissensions d'autant plus graves que les intérêts sont plus multiples. Alors on voit naître dans les quartiers, les villages, les tribus et surtout les confédérations, des scissions qui amènent la formation des *soff* (ligne ou ligue), un des phénomènes les plus curieux de la politique kabyle.

Un soff est l'alliance d'un certain nombre d'hommes, de fractions, de villages, de tribus, réunis sous l'impulsion de chefs plus ou moins influents pour échapper à l'oppression, et souvent dans un but de représailles.

C'est quelque chose comme le *fœdus* des Étrusques ou des Romains du Latium.

Tous les membres d'un soff sont solidaires les uns des autres : le Kabyle doit forcément appartenir à l'un ou à l'autre des soff du pays s'il ne veut être, dans ses intérêts les plus chers, victime des luttes locales.

Une remarquable pondération politique semble avoir présidé à la formation des soff de tribus ; car jamais deux tribus limitrophes ne font ligue ensemble, elles sont toujours isolées par une du soff opposé, de façon à prévenir tout empiètement.

Si les K'bila résument les principaux groupes topographiques du pays, les Soff représentent les partis politiques et les alliances militaires, offensives ou défensives, suivant les circonstances.

Quelques-unes de ces alliances sont considérables lorsqu'il s'agit de grands intérêts à débattre ou de luttes graves à soutenir. Puis elles se fractionnent à l'infini suivant les individualités, le plus ou moins d'influence de leurs membres actifs, les *têtes de Soff*, et surtout les intérêts personnels si chers à tous les hommes.

Le Soff subsiste en temps de paix comme en temps de guerre ; cependant il caractérise surtout cette dernière situation, dans ce cas il devient une force active.

Le pays Kabyle n'est pas propre aux conquêtes, mais l'esprit turbulent et guerrier des hommes y est singulièrement favorisé par les accidents du sol.

Aussi les luttes y ont-elles duré des siècles et, aujourd'hui même on en trouve sinon les traces, au moins le souvenir. Les antipathies qui en ont été les conséquences se perpétueront longtemps encore, car l'esprit d'antagonisme et de division est partout un des caractères de la race Berbère et pourra toujours être utilisé au profit de notre influence.

Un impôt de guerre, un changement de politique, l'expulsion ou l'exil d'un certain nombre d'individus, étaient les résultats de ces rivalités. L'amour-propre, poussé au plus haut degré, étant à la fois une des qualités et des défauts du Kabyle, on conçoit d'après cela combien l'orgueil des vaincus devait souffrir et avec quelle ardeur ils recherchaient une occasion d'éclatante revanche.

Au-dessus de la forte organisation municipale des Berbers, de leurs confédérations et de leurs fédérations, il existe une puissance supérieure encore qui contient les puissants et soutient les faibles : je veux parler de l'*Eurf* et du *Kanoûn*.

L'Eurf est la loi, la coutume traditionnelle religieusement observée par tous, qui empêche les gouvernants de violer les droits du peuple et les puissants d'opprimer les faibles. Avec l'Eurf, rien d'arbitraire : tout est prévu et réglé à l'aide du Kanoûn ou code pénal renfermant les peines à infliger pour les délits de quelque nature qu'ils soient.

Les Kanoûn varient dans leurs détails de village à village, mais partout leurs principes sont les mêmes. Les vieillards les ont appris à leurs enfants et ceux-ci les répéteront à leurs fils.

Néanmoins, il sera facile avec le temps de calquer les Kanoûn municipaux sur notre code dont certains articles se prêteront parfaitement aux coutumes des montagnards. Ce sera une œuvre délicate mais très-possible, car les Kanoûn ont sur les lois musulmanes l'avantage immense de ne *participer en rien de la religion*, tandis que chez les Arabes, il est impossible, en pareille matière, d'aborder un ordre d'idées inséparable de la foi Islamique, sans froisser les sentiments les plus intimes.

Les Kanoûn sont rendus obligatoires par la Djêma. Le profond esprit de justice, la soif d'égalité qui sont le propre des Kabyles en rendent d'ailleurs l'application facile (1).

L'Eurf et les Kanoûn prennent le pas avant la religion, car les Kabyles ne sont pas fanatiques, trait distinctif de leurs coreligionnaires sémitiques. Exclusivement adonnés au travail et aux soins d'intérêts matériels, l'esprit du Koran est resté pour eux lettre close.

Cette quasi indifférence en matière de religion, la liberté relative accordée à la femme dans la société Berbère (2) sont autant d'affinités entre nous et les Kabyles.

---

(1) V. note B.

(2) Cette liberté de la femme en Kabylie est très-relative en effet, mais elle est grande encore par rapport à la condition de l'épouse arabe. Somme toute, l'existence laborieuse des ménagères kabyles n'est nullement inférieure à ce qu'est encore celle de la femme des campagnes dans beaucoup de régions de la France et certains comtés d'Angleterre.

La coutume touchante de l'Anaya est la conséquence de cette protection donnée aux opprimés par
des lois traditionnelles : chez un peuple armé dont
les fractions multipliées sont sans cesse en hostilité,
un voyageur peut suivre les sentiers les plus dangereux, traverser les territoires ennemis sans crainte
pour lui, et pour les siens, s'il est accompagné, sûr
de la protection de tous, car il vient de chez un tel,
porteur du gage, Anaya, pour tel autre. Tous respec-
teront cet Anaya comme un ami, car tous savent
qu'ils en ont eu ou qu'ils en auront besoin. C'est avec
raison que M. le général Daumas a répété ce dicton populaire des Zouaoua : « l'Anaya est le sultan
des Kabyles..... il fait le bien et ne prélève point
d'impôts.... »

On cite quelques rares exemples d'Anaya violés
qui ont donné naissance à des guerres terribles.

Cette sauvegarde ne s'accorde pas seulement à un
homme isolé, elle s'étend aussi parfois, du consentement des belligérants, à une fraction, à un village
entier. Certains jours, l'Anaya existait en faveur de
toute une tribu, afin de lui permettre la fréquentation de quelques marchés dont l'inviolabilité était
réglementée par les marabouts et surtout les besoins réciproques.

Les antiquités Germaniques et Scandinaves nous
ont conservé le souvenir de coutumes analogues :

l'Anaya est le sauf-conduit, la trève que les peuples
du Nord appelaient *Grid* et dont les Normands-
Français avaient gardé la tradition dans les trèves
de Dieu.

Il serait facile d'ailleurs de multiplier les rapprochements entre les coutumes Kabyles, et les mœurs
et les lois de certains peuples du Nord de l'Europe,
Celtes, Germains, surtout avec les Francs. Outre que
ces rapprochements, bien que fort intéressants, nous
entraîneraient trop loin, nous ne devons pas oublier
qu'en raison de l'identité de la nature humaine, les
peuples jeunes placés dans des conditions analogues
présentent toujours une grande similitude, si éloignés qu'ils puissent être les uns des autres.

Nous venons de parler des marabouts : ces personnages, tous Arabes d'origine, se rattachent traditionnellement à une migration venue du Sous-Maro-
kain qui parait coïncider avec l'arrivée en Afrique des
Taggarins et des Andalous expulsés d'Espagne (1).
Profitant des dissensions auxquelles les Berbers
étaient constamment livrés, ils s'établirent sur des
terrains neutres, intervinrent au nom de Dieu, et
souvent firent cesser les hostilités. Moins grossiers,

(1) Nous avons signalé les détails de l'origine arabe des Marabouts venus du *Saguia-T-El-Hamra* (la rigole rouge), au sud du
Marok, et maintenant dispersés dans toutes les régions de l'Algérie
et de la Tunisie.
V. *Journal Asiatique*, V<sup>e</sup> série, t. XIV, p. 265.

plus instruits que les montagnards, affectant des dehors religieux, ces nouveaux-venus ne tardèrent pas à acquérir la considération générale. Neutres dans toutes les luttes, ils ne portaient point d'armes ; mais souvent, et surtout vis à vis de nous, dont ils redoutaient un contact fatal pour leur influence, ils ont fait une opposition fanatique, d'autant plus redoutable qu'elle s'abritait sous le manteau de la religion (1).

L'esclavage, qui mérite à peine ce nom chez les musulmans, n'existait pas en Kabylie, c'était d'ailleurs un élément parasite chez un peuple pauvre et travailleur. Chose digne de toute l'attention des nations civilisées et chrétiennes, les esclaves donnés à certains établissements religieux, étaient immédiatement émancipés.

Nous espérons avoir fait connaître, dans ce qui précède, les traits principaux de l'organisation politique et sociale des Kabyles : elle mérite, à tous égards, l'intérêt des philosophes. N'est-il pas surprenant de rencontrer, chez un peuple que nous traitons dédaigneusement de barbare, un système politique aussi complet dans toutes ses parties, des institutions sociales aussi généreuses pour ceux qui ne possèdent rien ?...

---

(1) Certaines tribus de Marabouts, devenues puissantes, n'ont pas craint d'enfreindre leurs habitudes traditionnelles et de participer, les armes à la main, aux guerres du pays.

Il est évident que les Kabyles se sont fait instincti-
vement une idée plus élevée et plus complète des
devoirs de la société envers ses membres que ne la
conçoivent beaucoup de nations plus civilisées, et
surtout plus riches.

Nos devanciers, particulièrement MM. le général
Daumas, le capitaine Fabar, le colonel Lapène, le
capitaine Devaux, le médecin militaire Leclerc, ont
fait connaître avec détail les mœurs variées et inté-
ressantes des montagnards du Djordjora. Un officier
d'un grand talent, historien érudit, profond écono-
miste, M. le colonel Carette, a décrit les productions
de tous genres, étudié les tribus, village par village, et
son nom, toujours élogieusement cité, reviendra
souvent dans ce livre. Nous ne nous étendrons donc
pas davantage sur un sujet connu.

Qu'il nous suffise de dire que ces mœurs, ces coutumes, ces usages rendent les Kabyles dignes de nos
sympathies, et les rapprochent de l'élément européen, particulièrement du paysan Français dont ils
ont la bonhomie, la rude franchise, les vertus hos-
pitalières, l'amour de la justice et de l'égalité, de la
famille et de la patrie, les qualités guerrières et, plus
que nous peut-être, le bon sens pratique.

# CHAPITRE II

## Villages kabyles en pays arabe.

La Kabylie proprement dite, c'est-à-dire le massif du Djerjera, circonscrit par l'Oued Sah'el à l'est et au sud, le cours de l'Isseur à l'ouest, la Méditerranée au nord, occupe une superficie territoriale des plus accidentées qui peut être évaluée à 930,000 hectares, dont 550,000 au plus sont cultivables; le reste consiste en crêtes dénudées ou en précipices.

La population, évaluée par MM. Daumas et Carette à 350,000 âmes, peut être hardiment portée aujourd'hui à 435,000 habitants, répartis dans 2,800 villages ou hameaux : elle est spécifiquement très-supérieure à la moyenne de la population en France.

Cette région, conquise en 1857 par S. E. M. le maréchal Randon, est plus franchement et plus solidement soumise à la France que les tribus Arabes, campées depuis trente ans aux portes de nos villes.

Les Kabyles habitent des demeures stables, construites en pierres et couvertes en tuiles ; ils font de la petite culture, plantent des arbres et présentent de remarquables aptitudes pour les professions et les cultures industrielles.

Cultivateurs, ils ont tiré un parti merveilleux d'un pays pauvre, et ont su utiliser les moindres crevasses de leurs âpres rochers (1).

Adroits et ingénieux, ils utilisent les chutes d'eaux, construisent des moulins, des pressoirs à huile.

Menuisiers et charpentiers, ils coupent les bois ; forgerons et armuriers, ils travaillent le fer ; architectes et maçons, ils taillent les pierres, élèvent des maisons et des mosquées.

Comme on a pu s'en apercevoir au chapitre précédent, l'organisation politique et sociale de ce peuple, son habitude du travail, ses notions de liberté, lui ont donné une supériorité incontestable sur la race Arabe, en même temps que sa tiédeur religieuse le rapproche davantage de l'élément européen dont il n'appréhende pas le contact. En outre, la condition de la femme berbère constitue à la maison kabyle une moralité de beaucoup supérieure à celle de

_____

(1) On rencontre souvent dans les sentiers kabyles de longues files de femmes et d'enfants portant sur leurs têtes des paniers remplis de terre que les hommes étendent ensuite sur les rochers abrités du vent, ils recouvrent cette terre de pierrailles, et à force de soins y font pousser quelques maigres légumes.

la tente arabe, en développant et resserrant les liens de la famille.

Les Kabyles sont les ennemis naturels des Arabes qui, à l'époque des invasions, les ont refoulés dans les montagnes. Cette antipathie subsiste encore assez pour qu'il n'y ait jamais lieu de redouter une tentative de coalition des deux races (1) : de nos jours, elle se traduit par un mépris réciproque.

L'intrusion de la race kabyle au milieu des Arabes ne peut être que très-favorable à ces derniers, car ils accepteront plus facilement les exemples donnés par leurs coreligionnaires que ceux qu'ils se croiront toujours imposés par le contact européen.

Ces montagnards sont d'excellents soldats, ils fournissent l'élite des tirailleurs algériens comme discipline, courage et abnégation. Doués de l'esprit d'entreprise, ils ont suivi les aigles françaises sur les champs de guerre de la Crimée et de l'Italie, au Sénégal, en Cochinchine, au Mexique. Partout ils ont villamment scellé de leur sang la brillante réputation

(1) L'émir *El-H'adj-Abd-El-Kader* lui-même ne put, malgré son prestige religieux et des succès réels, obtenir le moindre concours des populations berbères, et il ne lui fut permis de traverser le pays kabyle que grâce à un puissant Ânaya. A ses appels réitérés pour la guerre sainte, les Kabyles répondirent : « Sachez que si vous nous étiez venu comme *Makhzen* (*), au lieu de couscoussou blanc nous vous aurions rassasié de couscoussou noir (**)..... »

(*) Gouvernement.
(**) Poudre,

2

acquise par les troupes indigènes de l'Algérie. En un moment difficile, des villages Kabyles installés en pays Arabe offriraient les éléments de *fortes colonies militaires*, ressource précieuse pour les éventualités de l'avenir dans les parties méridionales du pays, éloignées par leur position du contact des Européens et dont une guerre continentale peut diminuer ou éloigner instantanément les garnisons permanentes.

Dans quelques années, le littoral de l'Algérie et les banlieues des grandes villes seront presque exclusivement habités par l'immigration Européenne, malgré les immenses difficultés qu'offre l'obligation de déposséder les occupants indigènes (1). Mais plus loin, il en est tout autrement : ici la densité de la population Arabe, la température, l'éloignement du littoral et des débouchés ; ailleurs, l'insalubrité, les difficultés de mettre en culture un sol dont on a trop vanté la valeur productive, sont autant de causes qui rendront la colonisation européenne impossible, tant en raison des habitudes des émigrants que de leurs besoins matériels.

(1) Il y a bien entendu exception pour la Kabylie elle-même où — à moins d'une loi agraire inadmissible — il ne peut être question d'installer des colons, puisque la population (surabondante déjà) est munie de titres individuels de propriété et a si peu de terrains que dans certaines tribus, les villages se touchent presque. D'ailleurs les difficultés de culture y sont telles qu'aucun européen ne pourrait y soutenir la concurrence avec les indigènes qui produisent avec *seize ou dix-huit fois moins de frais*, malgré le prix très-élevé du sol.

L'esprit inventif des théoriciens a compris depuis longtemps, en l'exagérant parfois, le double besoin de producteurs et de productions en Algérie. Aussi, à défaut d'Européens de toute nationalité, a-t-on successivement imaginé d'appeler, — à grands renforts de millions, — les nègres du Soudan... les coolies indiens... les Chinois de Singapore... les Maronites de Syrie (1)..., négligeant, comme il arrive trop souvent dans les questions économiques, l'élément pratique et acclimaté, fils du sol même.

Ces Kabyles, actifs et énergiques, habiles à se créer des ressources et à se suffire à eux-mêmes dans les inévitables difficultés de la pauvreté, ne constitueraient-ils pas des colons supérieurs à tous les éléments parasites et coûteux qu'il a successivement été question d'introduire dans la colonie?...

Nous avons dit que la Kabylie renfermait 435,000 habitants : il y a exubérance constatée de cent mille individus, eu égard surtout à la pauvreté du sol. Chaque année, quinze à vingt mille de ces montagnards descendent travailler dans les plaines (2), soit chez les Arabes, soit chez les colons européens, desquels ils sont fort estimés.

(1) V. note A.
(2) Six mille Zouaoua viennent en outre en qualité de colporteurs vendre ou échanger le produit de leurs industries et parcourent le pays arabe jusqu'à de très-grandes distances.

Lorsqu'on aura procédé à la question si complexe et si difficile de la reconnaissance des terres, que l'autorité aura reconnu des territoires moralement et matériellement disponibles ou donné des compensations pécuniaires aux possesseurs légitimes ; c'est à ces montagnards que nous devrons demander des colons et, par eux, mettre en rapport les localités dépourvues des conditions nécessaires au peuplement européen.

Il s'agit d'attirer les Kabyles dans les plaines qu'ils occupaient jadis ; et, en échange de leur laborieuse misère, les constituer propriétaires, soit en engageant les plus aisés d'entre eux à acheter peu à peu des terres qu'ils feraient cultiver par les prolétaires de leur village, soit, — et ce serait plus réellement profitable, — par voie de concession.

Nous nous arrêterons à ce dernier mode.

Et nous proposons de créer, en pays Arabe, des villages Kabyles régis par les mêmes lois et les mêmes codes que ceux du Djerdjera.

En partant de ce principe qu'il faut à un cultivateur Kabyle cinq fois moins de terre qu'à l'Arabe possesseur de troupeaux, l'étendue de la concession à délivrer à chaque chef de famille, pour lui et les siens, devrait être de vingt hectares : la fortune de ces colons sera d'autant plus réelle que cette superficie est très-supérieure à la moyenne actuelle des propriétés en Kabylie. Ce sera un puissant moyen de déterminer les émigrations de familles.

Nous donnerons à chaque village de vingt-cinq fusils (1) cinq cents hectares, sur lesquels un hectare par concession sera prélevé pour la construction du village, la djêma, la mosquée, le cimetière et autres communaux auxquels il est bon de consacrer dès d'abord vingt-cinq hectares.

Il serait avantageux de tenter les premiers essais de ce genre dans les contrées voisines de la Kabylie, — toujours sous la réserve expresse de n'obérer en rien la propriété, — afin de permettre aux montagnards d'apprécier les avantages de ces nouveaux établissements.

Ces villages, installés sur les parties méridionales du Tell, de préférence dans les régions montagneuses, — s'il y a des terres disponibles dans ces conditions, — isoleraient, et pourraient au besoin surveiller les tribus arabes de cette portion de l'Algérie, en même temps que leur *démontrer, par un exemple pratique et constant,* la supériorité de la vie sédentaire et municipale sur leur existence nomade et féodale.

Les groupes de population Kabyle doivent isoler le plus qu'il sera possible les tribus Arabes les unes des autres, et des routes faites sur des tracés indi-

_____

(1) On entend par fusil tout homme en état de porter les armes c'est-à-dire de produire et de payer l'impôt.

qués par l'autorité ne tarderont pas à relier les villages entre eux.

Ces villages seraient construits sans frais pour l'Etat, à l'aide d'une très-modique subvention de 1,250 fr. par groupe de vingt-cinq feux, prélevée sur les centimes additionnels à l'impôt indigène. Cette somme serait répartie par qui de droit aux chefs de maison au fur et à mesure qu'ils se présenteraient pour occuper les lots de terrain. Elle les aiderait à construire d'abord des gourbis, en attendant que les produits des récoltes suivantes leur permettent de construire des maisons en pierre.

Une exemption de tout impôt devrait être également accordée pendant une période de dix-neuf années aux colons qui ne seraient tenus à d'autre service que la police exercée sur leur territoire, et la responsabilité imposée aux tribus arabes envers les voyageurs.

Chaque concession sera immédiatement suivie *du titre immédiat de propriété*, seule garantie sérieuse qui puisse attirer des colons en leur donnant la certitude de possession. Ceux-ci, d'ailleurs, ne manqueront pas. — Nous le montrerons dans le chapitre suivant. — Par exemple, les Beni-Djennad du cercle de Dellys pourraient, en raison de la pauvreté de leur sol, fournir à eux seuls plus de mille fusils sur les 3,435 dont se compose l'effectif de cette tribu qui, chaque année, envoie quinze cents émigrants travailler dans les pays Arabes.

La création des colonies Kabyles devrait être immédiatement portée à la connaissance des Djéma municipales et insérée fréquemment dans le journal arabe le *Mobacher* (qui compte plus de cinq cents abonnés volontaires dans la seule grande Kabylie !)

Les mœurs des Kabyles permettent de trouver parmi eux des colons qui n'auront pas, — ne fut-ce que vis-à-vis de nous, — les préjugés des autres indigènes : ils émigreront et transporteront leurs fortes coutumes démocratiques en même temps que leur amour du travail au milieu des vices féodaux de la société Arabe. Par un contact journalier, par des intérêts de voisinage, qui iront en se multipliant, ils relèveront cette race un moment déchue.

Les premiers résultats matériels des villages Kabyles seront d'abord la mise en culture des terres, le reboisement des forêts dévastées par les Arabes (1). Ce reboisement qui est une œuvre de grande importance en Algérie, devrait s'opérer presque exclusivement avec le châtaignier de France, dont le fruit serait une précieuse ressource alimentaire pour les

(1) L'arboriculture est une des spécialités dans lesquelles excelle le Kabyle.

« Je préfère voir un homme mort qu'un arbre coupé !... » disait un jour certain chef kabyle au colonel Lapassat.

populations, et remplacerait avantageusement le gland du chêne (1); il en serait de même dans quelques localités pour la culture de la vigne, à laquelle les Kabyles sont habitués et qui est appelée à prendre une grande extension en Algérie.

Vingt centres de cinq cents fusils, soit une population de 2,500 âmes, pourraient, dans une période de quatre années environ, mettre dix mille hectares en culture. On aurait ainsi des habitations, des arbres, la vie en un mot, là, où aujourd'hui il y a le steppe.

La réalisation de ce projet amènerait des avantages politiques et matériels tellement évidents qu'il y aurait lieu d'hésiter à les exposer, si on ne savait combien de personnes encore doutent de l'avenir des races indigènes de l'Algérie et surtout de l'habitude où l'on est souvent de confondre Arabes et Kabyles.

Ces avantages sont multiples et nous les envisageons :

1° Sous le rapport politique et administratif;

2° Sous le rapport moral et du bien-être du peuple conquis;

3° Sous le rapport colonial et agricole.

_____

(1) Les maréchaux Bugeaud et Randon ont fait quelques heureuses tentatives pour propager le chataignier en Algérie.

## 1° POLITIQUE ET ADMINISTRATION

La création de villages, c'est-à-dire de centres stables et saisissables forme un système par lequel on introduit un élément nouveau, dévoué et assimilable aux idées françaises, au milieu des populations Arabes, nomades et encore fanatiques.

En cas de guerre extérieure, les villages constitués en Makhzen et placés, dans ce cas exceptionnel, sous le commandement d'un petit nombre d'officiers ou de sous-officiers français, suffiront par leur position topographique pour prévenir et rendre impossible toute tentative d'insurrection. Les Européens fixés sur le littoral et les Kabyles installés dans le sud (1) envelopperaient l'élément arabe.

Au point de vue administratif, l'organisation municipale des Djêma Kabyles offre plus de simplicité et de garantie pour les rapports avec l'autorité supérieure que les tribus Arabes où le commandement tout despotique est singulièrement arbitraire et parfois peu moral. Elle amène à la constatation régulière et toujours si difficile en pays Arabe des actes

(1) La race Berbère peuple déjà les k'sours et les oasis du Sah'ra, et partout elle est dépositaire du commerce des nomades arabes. Dans le Sah'ra comme en Kabylie, les Berbères sont sédentaires, ils habitent des villes et sont régis par des djêma.

Il faut pénétrer au delà des k'sours pour trouver les grandes tribus nomades, Berbères d'origine, qui un jour, incessamment peut-être, conduiront nos marchandises sur les marchés du Soudan.

de l'état civil, elle soumet plus directement les habitants à l'action bienfaisante de nos principes d'ordre et d'administration.

Les nouveaux villages sont un grand pas de fait vers la fixation *progressive* des Arabes au sol et à la constitution des indigènes en *communes* qui doit être le début sérieux de leur perfectionnement moral (1).

## 2° MORAL ET BIEN-ÊTRE DES INDIGÈNES

Le premier résultat sera de produire un notable accroissement de bien-être chez les Kabyles du Djerdjera par l'écoulement d'une population exubérante qui augmente avec la paix et épuise le pays.

Pour les nouveaux propriétaires, une fortune réelle à la place d'un avenir précaire et misérable, mal garanti par le travail. Plus tard lorsque les villages seront complétement installés, il sera utile d'y

(1) « La fixation progressive des indigènes au sol, combinée avec une notable amélioration dans leur agriculture, leurs plantations, introduira un mode nouveau d'habitations, avec des cultures nouvelles, des besoins nouveaux et le désir de les satisfaire. »

(*Mémoires sur la Colonisation indigène et la Colonisation européenne*, p. 56, par le capitaine d'état-major LAPASSET, aujourd'hui colonel.)

Cet officier étant chef du bureau arabe de Ténès avait créé un *village arabe* avec les cavaliers au service du commandant supérieur, et grâce à ses soins et surtout à sa persévérance, il obtint de beaux et sérieux résultats, qui prouvent une fois de plus tout le parti que nous pouvons tirer de la race vaincue, et pour elle et pour nous.

établir des écoles françaises comme celles qui fonctionnent déjà au fort Napoléon et à Tizi-Ouzou : l'enseignement professionnel devra y être joint à la connaissances de notre langue que les Kabyles apprennent vite et bien (1).

L'envoi d'un certain nombre de jeunes gens (deux par village) dans nos écoles manufacturières d'Angers ou de Châlons, aurait de grands résultats, surtout si le choix portait sur des fils de forgerons et d'armuriers. On doterait ainsi le pays de bons ouvriers d'art qui deviendraient d'excellents moniteurs pour leurs compatriotes et permettraient d'utiliser les quelques ressources industrielles du pays ou de tirer un meilleur parti de celles qui sont déjà exploitées.

Enfin, au point de vue moral, l'exemple des Kabyles sera tout-puissant sur les Arabes : ils accepteront des colons Berbers les coutumes agricoles, les instruments aratoires et surtout ils apprécieront directement les avantages de la stabilité. Les meilleurs conseils venant de nous seront longtemps encore méconnus, ou pratiqués à regrets comme une corvée imposée. Cela se conçoit, car entre l'Arabe et nous, il y a trente années de guerre, bien des haines

(1) J'ai vu les jeunes Kabyles engagés dans les régiments indigènes apprendre plus vite le français que l'arabe et préférer orgueilleusement s'exprimer dans la première de ces langues : « Nous sommes Français!... » disaient-ils.

et des ruines, des intérêts journellement froissés, lé-
sés même. Tandis que le Kabyle placé dans des
conditions matérielles et morales très-différentes,
n'a fait que gagner à notre administration. L'exemple donné par des coreligionnaires assez dédaignés,
il est vrai, sera toujours plus concluant pour les
Arabes, car ils concevront mieux et sans parti pris.

Le désir du bien-être est chose trop naturelle à
tous les hommes et surtout à des hommes intelligents
comme les Arabes pour que l'exemple ne profite
pas.

Dans toute société, la femme est le plus puissant
auxiliaire du progrès dont elle est naturellement appelée à ressentir les premiers effets : ici, le contact
journalier de la femme Kabyle relèvera l'épouse
Arabe de l'abjection où elle est plongée par la poly-
gamie.

Lorsque l'Arabe sera bien et dûment reconnu propriétaire sans crainte aucune d'être inquiété au sujet de sa possession, le jour où il habitera des villages.... Ce jour-là nous aurons sérieusement tra-
vaillé à la moralisation de la société musulmane et
l'œuvre humanitaire de la France en Algérie sera
commencée.

Le seul intermédiaire possible entre les bienfaits
de notre civilisation et l'indigène Arabe, c'est l'indigène Kabyle.

### 3° AVENIR AGRICOLE ET COLONIAL

Pour l'Algérie toute entière, c'est une augmentation de la production par la mise en culture de terres qui ne le seront jamais sans ces colons exceptionnels, conséquence directe : augmentation de production et de commerce.

On obtient avec les villages Kabyles la multiplication de la petite culture chez le peuple indigène, les plantations de pomme de terre (1), la culture de la vigne, le reboisement des pays élevés par le chataignier, l'olivier (2), le figuier, le chêne à glands doux, le frêne.

Possibilité d'introduire chez ces intelligents cultivateurs le mûrier et l'éducation des vers à soie, qui conviendrait parfaitement aux aptitudes délicates des femmes Kabyles.

Les colons européens trouveront dans nos villages, des cultivateurs, des manœuvres dont les qualités sont depuis longtemps appréciées et recherchées.

---

(1) Dès 1830 les Kabyles, qui travaillaient à la Maison-Carrée, introduisaient dans leur pays quelques pieds de ce tubercule, qui a été plus rapidement apprécié par les diverses populations de l'Algérie, qu'il ne l'avait été en France il y a bientôt un siècle.

(2) La greffe de l'olivier est depuis fort longtemps pratiquée par les Kabyles, ainsi que la caprification dont mon ami le docteur L. Leclerc a fait connaître la curieuse coutume.

Nous aurons créé des besoins nouveaux qui augmenteront les relations de commerce et les richesses de la colonie.

Nous aurons ainsi *colonisé* sans exclusivisme de race, sans cet oubli dédaigneux des intérêts et des droits du vaincu qui attire si douloureusement l'attention des hommes préoccupés de l'avenir de ces peuples confiés à l'honneur de la France.

———

En résumé, c'est un accroissement de bien-être pour tous, sans asservissement, ni exploitation, une œuvre de justice, de liberté et d'union, une application morale et pratique de la « *Rédemption des populations indigènes* » par un élément tiré de leur propre sein.

———

Nous venons d'exposer un projet qui sans doute aurait pu être présenté d'une façon plus satisfaisante. Néanmoins nous le publions parce qu'il renferme une idée que nous croyons juste et bonne, parce qu'elle n'est pas seulement nôtre, mais que nous l'avons retrouvée, exprimée et justifiée sous différentes formes dans les écrits de la plupart des chefs militaires qui ont combattu ou administré en Algérie.

Ce projet mis en pratique réussira-t-il ?...

*Toutes les probabilités sont pour lui.*

Coûtera-t-il ?...

Oui, *mais fort peu et surtout moins cher que ceux qui n'ont absolument rien produit.*

Les résultats seront-ils immédiats ?...

Non, *parce que comme toutes les choses humaines et durables, il est fondé sur le temps, la persévérance et la ténacité. Chaque jour il fera un pas.*

Le provisoire seul donne des résultats immédiats, mais en Algérie, mieux que partout ailleurs, on en connaît la valeur.

# CHAPITRE III

## Objections et considérations sur la colonisation indigène.

### I

Une des objections les plus sérieuses qui aient été faites au projet de colonies Kabyles, en pays Arabe, se base sur l'attachement inné des Berbers pour leur patrie, sentiment qui les y ramène constamment même après un long exil (1), et qui, dit-on, est une loi spéciale à tous les peuples montagnards (2). Les Kabyles, ajoute-t-on, ne consentiront jamais à s'expa-

(1) Le projet d'établissements kabyles en pays arabes, ayant été soumis à l'Empereur par M. le sous-lieutenant Aucapitaine, souleva en Algérie quelques objections dont la plus sérieuse reposait sur l'attachement des montagnards pour leur pays. (*Note de l'Éditeur*.)

(2) Les Basques, les Suisses, si souvent cités pour leur amour du sol qui les a vus naître, n'ont-ils pas fondé d'importantes colonies en Amérique ?... On sait avec quel empressement les Corses, cependant fort attachés à leur île, ont sollicité des concessions en Algérie et le grand nombre de ces insulaires fixés dans la colonie.

Le désir de posséder est inné chez tous les hommes, et dans les masses rurales surtout, la plupart des sentiments cèdent devant celui de la propriété.

trier pour aller coloniser loin de leur pays... L'histoire cependant démontre le contraire, sans emprunter ses exemples aux grandes migrations occasionnés par les guerres ou la politique, mais à des faits partiels.

Il y a peu de tribus du Tell où l'on ne trouve des Kabyles du Djerdjera, des Zouaoua, qui, à diverses époques, sont venus s'installer PAR VOIE D'ACHAT sur ces terres étrangères souvent éloignées de leur pays natal (1).

Il n'est pas inutile de faire remarquer que sous les Turks les migrations de ce genre devinrent fort difficiles, car les montagnes kabyles furent, la plupart du temps, étroitement bloquées par les Makhe-

(1) « C'est, en général, la misère qui transporte quelques parties de tribus des pentes abruptes et rocheuses de la montagne, soit dans les riches vallées du Tell, soit dans les oasis du Sah'ra.

» *Les exemples de colonies libres formées dans ces circonstances sont nombreux.* »

(*Notice sur la division territoriale et la population indigène de l'Algérie*, par MM. CARETTE et WARNIER, p. 11.)

Bornons-nous à rappeler que chez les Menaçers des environs de Cherchel, sept familles des Ifliçen-ou-Mellil, amenant avec elles leurs troupeaux, sont venues *acheter* des terres dans ce canton, où elles ont formé une colonie connue encore aujourd'hui sous le nom de Zouaoua.

Les Hall-Tsigraou, chez les Oulâd-Kossoïr de la subdivision d'Orléansville, les Oulâd-Zïtou, chez les Sindjes, dans la même circonscription, sont des exemples analogues.

De nombreuses fractions des tribus arabes de la subdivision d'Aumale portent encore le nom significatif d'Oulâd-K'ball, etc., etc.

zen, commandés par des Kaïds Osmanlis. A la chute du gouvernement des Deys, la plus effrayante anarchie succéda à la paix relative imposée par la crainte des Pachas : la guerre était partout, les Kabyles demeurèrent dans leurs cantons.

Il serait superflu de multiplier les exemples de ces migrations partielles dont la tradition et l'histoire ont enregistré les souvenirs; nous préférons citer un fait contemporain qui prouve bien mieux le parti que l'œuvre de la colonisation peut obtenir du concours des montagnards Berbers... « Il y a un essai » de colonisation Kabyle dans le cercle des Beni- » Mansour; voilà déjà six ans que l'on a installé les » Béni-Yala dans les villages de la vallée de l'Oued- » Sah'el, *ils ont construit eux-mêmes ces villages qui* » *sont de bel aspect.* On leur a donné à l'entour, des » terres en quantité suffisante : rien ne les empêche » de montrer ce dont ils sont capables. Je m'occupe » beaucoup de cette colonisation et je fais grand » fond sur les résultats qu'elle pourra donner. » Quand la question des territoires disponibles sera » élucidée, on pourra étendre cet essai aux diverses » tribus du versant nord du Djerdjera, en les invi- » tant également à fonder quelques villages dans la » plaine.... (1) »

(1) Extrait d'une lettre que M. le colonel d'état-major X... a bien voulu m'écrire au sujet de la colonisation kabyle.

Cet essai fait en territoire militaire et par l'initiative de l'autorité militaire, prouve déjà le parti que l'Algérie pourra tirer de l'élément kabyle. Les villages des Beni-Yala, rapprochés du Djerdjera, peuvent être au besoin un excellent point de départ pour des créations analogues.

Ne serait-il pas anormal, d'ailleurs, qu'un peuple aussi âpre aux intérêts matériels, pauvre, par conséquent avide de posséder, ne profitât pas des avantages réels, assurés par une prise de possession immédiate, une propriété certifiée par des titres sérieux?...

Il mentirait à l'esprit de sa race, que l'histoire nous montre toujours prête à s'épandre dans ces plaines qu'elle cultivait jadis, et qu'elle se rappelle traditionnellement avoir possédées.

Il est certain que diverses tribus (Iraten, Zouaoua) éprouveraient plus de répugnance à émigrer que nombre d'autres : ainsi les Kabyles Beni-Djennad, Zerfaoua, les gens de la confédération des Set'ka et les tribus du Djerdjera occidental, fourniraient très-volontiers des colons. Tout se résumerait en une question de préjugés et de temps pour les premiers.

Les Kabyles, fixés comme cultivateurs chez les Européens ou les Arabes, retournent dans leurs montagnes, après quelques années, parfois quelques mois seulement, malgré tous les efforts tentés pour les retenir. Cette idée du retour, ce besoin de la patrie s'expliquent facilement : ils sont isolés et la famille qui, pour tous les hommes, est la première des patries, leur fait ici complètement défaut. Les Arabes ne se soucient guère de marier leurs filles à des gens considérés, par eux les envahisseurs, comme de grossiers paysans, et auxquels d'ailleurs ils ne pourraient les vendre avantageusement.

Si on veut bien reconnaître quelqu'intérêt à attirer les Kabyles dans les plaines, à les fixer loin de leurs montagnes (1) on doit les y transplanter avec leurs femmes, les grouper et leur laisser — comme l'a si bien compris le conquérant de la Kabylie — une organisation politique qui se prête admirablement aux mesures générales d'économie sociale et de fraternel bien-être, en même temps qu'à l'application de nos grands principes de droit public.

L'esprit national, du moins tel que nous le comprenons, n'existe pas chez les Kabyles : sous l'influence d'éléments dissolvants, il se divise, se morcelle à l'infini pour se transformer en orgueil municipal, en esprit de clocher, comme nous dirions en Europe. C'est un des résultats de la forme républi-

----

(1) « Il est bon d'obliger les K'baïls à aller acheter des terres un peu au loin de leurs montagnes, à se créer des intérêts dans les plaines que leurs pères ont autrefois occupées. »

(Le capitaine des zouaves. DEVAUX : *Les K'baïls du Djerdjera*, p. 102.)

caine et de ses exagérations, indice précieux pour les conquérants, puisqu'il leur permet d'agir, non seulement sur chaque tribu, mais sur chaque village, chaque famille même. Ce sera pour nous une garantie certaine de l'attachement des colons pour des centres de leur création, tandis que l'homogénéité de la tribu Arabe, répulsive encore aux mesures progressives, n'offrira pas de quelque temps les mêmes avantages.

Partout où les Berbers se sont trouvés réunis par groupes peu considérables, ils ont subi l'influence des Arabes conquérants, à un tel point qu'en beaucoup de lieux, ils ont perdu non-seulement leurs coutumes, leur langue même, mais jusqu'au souvenir de leur origine (1). Que sera-ce donc quand nous aurons su nous les attacher, quand nous leur aurons créé un bien-être ?... Doués de pareilles facultés

---

(1) « C'est ainsi que, dans certains cercles de l'Algérie, celui de Djidjelly, par exemple, l'arabe seul est en usage, et cependant la presque totalité de la population est incontestablement berbère. Dans l'ancienne subdivision de Blidah, une seule tribu, les Beni-Miscera, parle encore le berber, bien que sur les onze tribus qui composaient cette subdivision quatre seulement soient réellement Arabes. »

(Le colonel HANOTEAU : *Appendice à la Grammaire tamachek'*, p. 280.)

Il nous serait loisible de multiplier ces exemples, qui prouvent la remarquable facilité d'assimilation des Berbers, facilité qui en avait fait *les colons romains* de la domination latine et dont on semble ne pas avoir tenu assez compte jusqu'à ce jour.

d'assimilation, ils adopteront bien plus rapidement
encore nos usages et notre langue, qu'ils ne prirent
jadis ceux des envahisseurs musulmans qui leur imposèrent *jusqu'à la religion.*

Intéressés à notre gouvernement, duquel ils tien-
draient leurs propriétés, portés vers nous par leur
caractère et leurs mœurs, nous pouvons dire hardiment : dans cent ans LES KABYLES SERONT FRANÇAIS.

La question de l'éloignement entre les centres de
populations kabyles et leurs métropoles du Djerdjera
est une objection sans valeur. Aujourd'hui nos soldats, les indigènes eux-mêmes, ont partout ouvert
des communications, partout également règne la sécurité la plus profonde. Nos colons iront et vien-
dront de la Kabylie dans leurs villages, sans craindre
d'être molestés. Ne les rencontrons-nous pas journellement sur les marchés des oasis, colportant leurs
huiles et leurs figues, trafiquant des produits de
leurs industries contre les céréales et les laines arabes, et cela à cent, deux cents lieues de leurs pays,
pour bénéficier souvent de quelques centimes seulement.

Ce sera, au contraire, un immense et continuel va
et vient de Kabyles, dont les passages réitérés ne peuvent, si minimes soient leurs dépenses, qu'être pro-
fitables à maintes petites industries, fondouks, cafés,
forgerons-ferrants, etc.

## II

Toute entreprise agricole ou industrielle présente évidemment des difficultés soulevées par la pratique : telles sont, dans le cas qui nous occupe, les frais de première installation, la nécessité pour les colons d'avoir des bœufs, de la paille, des vivres, quelqu'argent même pour parer aux éventualités d'une première récolte insuffisante, et à tous les mécomptes d'une implantation en pays étranger.

Les coutumes économiques des Kabyles répondent à ces objections, et M. le colonel Carette, qui déjà, en 1848, affirmait les avantages à retirer de l'établissement des colonies Kabyles, nous fournit les arguments (1).

Il est admis que ce sont généralement les pauvres gens de la montagne qui vont, en qualité de fermiers, cultiver des terres louées ou achetées dans les plaines par les propriétaires aisés des tribus. Puis à force de travail, ils deviennent propriétaires eux-mêmes *et s'attachent irrévocablement au sol.* C'est ainsi qu'ont pris naissance la plupart des colonies Kabyles fondées dans les plaines, notamment celle de Guelma,

(1) *Etude sur la Kabylie proprement dite,* t. I, p. 233. Commission scientifique de l'Algérie.

produit d'une double émigration, l'une descendue des monts Aûrès, l'autre venue des montagnes du Djerdjera.

L'infériorité du sol kabyle pour les céréales, explique les encouragements accordés par les coutumes locales à ce genre de culture. Ces encouragements, multipliés et facilités aujourd'hui par la pacification du pays, l'augmentation des besoins et l'impulsion de l'autorité, ne pourraient manquer de produire de grands et même de prompts résultats.

Un homme qui veut s'établir a besoin d'outils pour cultiver son champ, mais il n'a pas de quoi les payer. Comment se les procurera-t-il?...

Il est admis dans les pays kabyles et même dans certains cantons arabes, que les instruments de labour ne se soldent ni en numéraire, ni au comptant; ils se paient en blé et après la récolte : c'est un usage général, mais seulement applicable aux outils aratoires. Quant aux autres dépenses d'établissement, elles nécessiteront des emprunts autorisés et facilités par les lois berbères (1). Ils se contractent facile-

---

(1) Le prêt sur hypothèques (r'anîa) est très-usité entre Kabyles : il n'est pas rare de rencontrer des maisons, des vergers, des champs grevés momentanément d'hypothèques.

La r'anîa se pratique surtout comme avance aux émigrants ou à leurs familles et dans les cantons éprouvés par de mauvaises récoltes ; elle se fait au printemps en attendant la moisson de l'année.

ment, car les Kabyles ont une grande confiance dans leur valeur réciproque comme producteurs, et leur extrême amour-propre les rend esclaves de leurs dettes, comme de la parole donnée (1).

La modique prime de cinquante francs que nous voudrions voir donner à chaque émigrant Kabyle, lui suffirait pour se construire un gourbi en bois et torchis; puis il trouverait aisément des avances pour se subvenir en attendant les récoltes. Grâce à sa sobriété et à son labeur, le débiteur est à même de s'acquitter dans peu d'années. Il travaille sans relâche, met plus de farine de gland dans son pain, parvient à vendre une partie de sa récolte et à payer une partie de ses dettes. A mesure que les dettes diminuent, la proportion de farine de gland doux diminue aussi, la nourriture du cultivateur s'améliore; et, en quelques années, le fondateur de l'établissement, affranchi de toute redevance, se construit une maison de pierres et devient un propriétaire aisé.

« Aussi, écrit encore M. Carette, quelque témé-

(1) M. Molclon d'Arc, propriétaire dans la Métidja, me racontait récemment, qu'ayant prêté une petite somme à un de ses manœuvres kabyles, celui-ci fit, à quelques mois de là, plus de quarante lieues pour venir lui rembourser son argent au jour fixé.

Tous les Européens qui ont employé des ouvriers kabyles pourraient rapporter des faits de ce genre. Je me rappelle avoir entendu un Kabyle fort irrité de se voir refuser quelque argent qu'il demandait à un Européen, répondre à ce dernier : « Me prends-tu pour un Arabe que tu me refuses ton argent! »

» raire que cette opinion puisse paraître (1848),
» nous croyons que la Kabylie, demeurée jusqu'à ce
» jour en dehors de notre contact direct, restée en
» lutte avec toutes les dominations antérieures, doit
» devenir, d'ici à quelques années, l'auxiliaire le
» plus intelligent de nos entreprises et l'associé le
» plus utile de nos travaux (1)... »

Cette opinion de M. le colonel Carette, nous la retrouvons chez tous les hommes qui ont étudié les Kabyles; c'est celle des maréchaux Bugeaud et Randon, des généraux Daumas et Yusuf, et de tant d'autres officiers qui, à des degrés divers de la hiérarchie, ont été à même de voir et d'apprécier le peuple Berber; tous ont bien auguré de son avenir et des services qu'il peut rendre à la colonisation (2).

Très-probablement aussi on nous objectera que

(1) CARETTE : *Études sur la Kabylie*, t. I, p. 401.

(2) Il y a bien des années qu'un éminent général, M. Duvivier, écrivait : « *Il est de toute évidence que la fixité kabaïle et l'amour de cette race pour le travail, devront être les plus forts pivots de notre politique, pour nous établir avec ordre, succès et stabilité en Afrique...* »        (*Solution de la question d'Algérie*, p. 154. 1841.)

M. le sénateur de Forcade la Roquette s'exprime en ces termes au sujet des Kabyles : « ..... le Kabyle, laborieux comme le paysan d'Europe, se livre avec intelligence à la culture. Il n'est pas nomade comme l'Arabe, il habite des villages aussi peuplés et aussi rapprochés que les villages des Pyrénées. On PEUT ATTENDRE BEAUCOUP *de cette population,* moins éloignée de nous par son origine et ses mœurs, *et plus facile à assimiler que la population Arabe.* »

Rapport sur le commerce et la navigation de l'Algérie.
(*Note de l'Éditeur.*)

s'il est nécessaire d'exproprier certaines portions du territoire pour avoir des terres, il serait préférable de concéder ces terrains à des Européens qu'à des Kabyles !...

A cela nous répondrons que la question principale, dominante et vitale, est la mise en culture du sol, que le Kabyle produit à vingt ou vingt-trois fois moins de frais que le colon Européen, dont les besoins impérieux s'exagèrent encore en Algérie, qu'il est nécessaire, urgent même de constituer une population nombreuse productive et consommatrice, et cela sans exclusivisme de race.

« Tout nous commande, écrivait récemment le maréchal duc de Malakoff, de fixer en Algérie une population européenne, nombreuse et forte, d'abord pour transformer le sol, ensuite pour le conserver. L'effectif de l'armée ne pourra pas toujours être maintenu à son chiffre actuel, il faut prévoir le jour où il aura diminué, et mettre dès lors nos établissements en état de se défendre eux-mêmes, aussi bien contre des attaques extérieures que contre des soulèvements intérieurs. Pour cela il n'est pas indifférent que la population européenne soit placée au hasard, *il faut qu'elle occupe des points stratégiques,* les grandes voies de communication et qu'elle s'y développe avec sécurité et liberté... »

Si ce programme est, non-seulement rationnel,

mais même d'une application relativement facile sur le littoral, son exécution devient très-difficile dans les régions méridionales du Tell, les seules précisément où il y ait possibilité d'obtenir quelques terres disponibles. Or, nos villages kabyles devraient être établis sur ceux de ces points stratégiques dont l'éloignement et surtout les conditions hygiéniques rendent l'acclimatement pénible, sinon impossible (1) aux colons Européens, qui ne tardent pas, après un séjour prolongé, à perdre beaucoup de leur énergie première.

En raison des facultés d'assimilation propres à la race Berbère, il serait utile d'établir plus tard quelques villages mixtes d'Européens et de Kabyles ; tout nous donne la certitude qu'on obtiendrait avec le temps des résultats impossibles à espérer, quant à présent, du mélange des éléments français et arabes.

Il y a d'autant plus à ménager et à favoriser l'élément indigène kabyle, que les chaleurs de l'Algérie, ses brusques et souvent extrêmes variations de température empêcheront toujours les races Européennes d'y atteindre sans croisement, le degré de fécondité dont elles sont susceptibles sous des climats plus tempérés (2).

(1) Nous voulons parler de l'acclimatement *réel*, c'est-à-dire avec postérité dans des conditions normales appropriées au nouveau climat et à la reproduction de l'espèce.

(2) Les femmes kabyles sont jolies ; leur type de physionomie tout

Ces considérations sont au moins suffisantes pour justifier l'expropriation et les compensations ou indemnités faites par l'État, dépenses imputables tant à la colonie qu'à la métropole, qui doivent en retirer les avantages matériels et politiques.

## III

Tous les obstacles dont nous venons de parler, répugnance à émigrer de la part de certains Kabyles, difficultés d'éloignement, d'organisation, etc., sont néanmoins fort secondaires : la pierre d'achoppement, le sérieux obstacle à tout système de colonisation par les Européens comme par les indigènes, c'est la question des terres sous sa forme la plus compliquée, celle de la possession, et surtout de la dépossession des occupants.

On a multiplié les dissertations, argumenté sur les lois musulmanes, avancé les théories les plus spécieuses, pour prouver que les Arabes n'étaient pas propriétaires des terres qu'ils cultivent depuis de longues années. On a invoqué des droits plus ou moins légaux pour autoriser les conquérants à s'em-

français, leurs habitudes des travaux rustiques en feraient de précieuses épouses pour nos colons, si des préjugés ridicules ne viennent encore entraver ces unions. Elles ne pourraient cependant qu'exercer une très-heureuse influence sur les relations et le développement réciproque de deux races faites pour si bien s'entendre.

parer, sinon en tout, du moins en partie, des terres des vaincus. On a oublié les charitables doctrines de l'Evangile, pour invoquer un passage du Koran contre les Musulmans.

Il a fallu la fermeté des gouverneurs généraux et le désintéressement de leur administration, pour contenir les appétits désordonnés de ceux qui voulaient quand même se substituer aux propriétaires légitimes.

Ce sera, dans l'histoire de l'Algérie, une des gloires du gouvernement militaire.

On parle de *constituer la propriété* par le cantonnement qui n'est qu'un refoulement légal, une loi agraire. Constituer la propriété est à notre avis un non-sens, car on ne constitue pas ce qui est, et la propriété, qu'elle soit collective ou individuelle, n'en existe pas moins sous ses formes diverses.

Propriété vaut titre, dit-on en droit; et en France, il y a prescription pour toute propriété immobilière après trente années de possession.... il n'est donc pas juste non plus de demander des titres à des tribus qui n'en ont jamais eu, ou qui ont traversé de longues guerres, qui ont été pillées, brûlées.

ACCEPTONS CE QUI EST.

Les Arabes aiment l'argent : ils cultivent beaucoup plus qu'ils ne le faisaient jadis et mieux.

Si nous avons besoin de terres pour des motifs

politiques ou agricoles, EXPROPRIONS ET PAYONS.

Avec l'argent de leurs compensations, les indigènes dépossédés acquerront d'autres terres : la mise
en culture augmentera, et la colonie ne pourra que
gagner.

Ce principe de prendre et de payer est l'application d'une vérité de l'ordre le plus simple, quelque
chose comme : la ligne droite est le plus court chemin
d'un point à un autre.

En procédant ainsi, sans mesquinerie et arrière-
pensée, nous serons justes : il y aura, — autant qu'il
est possible d'être juste, — une égale balance entre
des intérêts malheureusement opposés et que de
stériles discussions ont rendus plus ennemis que ne
l'avait fait la guerre.

Il y a longtemps déjà que M. le général Duvivier,
qui n'était certes pas un arabophile, faisait observer
que toute opération tendant à nous aliéner les populations algériennes serait une grave erreur.

En administration comme en politique, une grande
injustice aboutit fatalement à une grande faute.

Dès que nous toucherons aux propriétés, nous
soulèverons d'immenses haines qui seront contenues
par la crainte de nos armes. Mais vienne une guerre
en Europe, les intrigues de telle ou telle puissance
ennemie de la France feront que ces haines indivi-
duelles se généraliseront pour éclater en une insur-

rection religieuse d'abord, puis nationale, et nous recueillerons alors les tristes fruits d'une politique égoïste et insouciante. L'influence envahissante de l'Angleterre sur les populations musulmanes de la Turkie, de l'Asie, et surtout du Marok, l'habileté consommée de ses agents doivent préoccuper sérieusement les hommes d'Etat qui voient au-delà du présent.

Les Israélites d'Algérie, malgré les bienfaits immenses que nous leur avons prodigués, ont pour nous peu de sympathie, car ils sont convaincus qu'ils auraient gagné beaucoup plus d'argent avec les Anglais. Il y a déjà quelques années, M. de Beaudicour écrivait que : « *La plupart des juifs de l'intérieur pourraient être considérés comme des agents anglais* (1). » En récompense des droits d'hommes que nous avons donnés aux israélites, nous ne pouvons, malgré leurs protestations, compter en quoi que ce soit sur cette portion considérable et opulente de la population algérienne.

La politique des juifs au Marok, leurs astucieuses intrigues pendant la conquête de l'Algérie, ne justifient que trop les lignes précédentes, et nous font un devoir de chercher un appui dans le dévouement loyal des Kabyles, et de favoriser leur développement matériel et moral.

---

(1) Louis de Beaudicour : *La Colonisation de l'Algérie*, p. 244. 1856. In-8. *Paris*, Challamel.

Si l'on se trouve dans l'obligation de prendre des terres, il faut donc en indemniser largement les propriétaires, et cela par une mesure générale, sans tâtonnement, ni hésitation, avant que la création de nouveaux centres ou des opérations de reconnaissance des terrains, n'aient augmenté la valeur des propriétés (1).

Enfin, faciliter la liberté des transactions, en toute espèce de territoires et pour tous, mais sous l'investigation d'une commission qui appréciera la légalité des ventes, les titres des vendeurs et sauvegardera ainsi les intérêts en prévenant le retour des spéculations immobilières qui ont ruiné la colonie.

On parle souvent, et avec raison, de pénétrer dans l'intérieur de l'Afrique, d'attirer en Algérie le commerce du Soudan, ce pays où le coton croît comme le blé dans la Beauce ; en un mot, de conquérir une légitime influence sur des régions que l'occupation du Tell barbaresque a faites nôtres.

Par quel moyen arrivera-t-on sûrement à ce résultat, un des plus sérieux offerts par la conquête ? Ce ne peut être que par notre bienveillance pour les populations indigènes, par une protection égale pour tous.

(1) Les frais multipliés occasionnés par les commissions de cantonnement, seraient presque suffisants pour indemniser les propriétaires dépossédés. (Cantonnement des Oulad-Kosseïr, subdivision d'Orléansville.)

Jugeant ce qui a été fait dans cette voie depuis peu d'années par les gouverneurs généraux, la marche prudente et sûre de leur politique dans le sud de l'Algérie, on peut augurer de brillants résultats à venir, pour lesquels cette race Berbère, que nous voulons utiliser dans le Tell, sera, dans le Sah'ra qu'elle occupe, notre plus puissant auxiliaire (1).

Les conquêtes, au xix° siècle, se font beaucoup plus par les idées que par les armes : si l'on veut ouvrir pour les produits de nos manufactures les marchés de Kanou, de Tombouktou, de Agadir, du Touat, du Haoussa jusqu'aux rives du Niger, soyons généreux pour les populations indigènes de l'Algérie, si ce n'est par équité, que ce soit au moins par intérêt.

La moindre atteinte aux propriétés retentira jusqu'au cœur de l'Afrique, et les populations alarmées

(1) « *N'aurons-nous pas pour auxiliaire cette population berbère* qui, après avoir couvert le sol de l'Afrique, n'a pu conserver sa liberté qu'en se réfugiant sur les rochers de l'Atlas, ou dans les vastes solitudes du désert ? Ce ne serait certes pas une des choses le moins à admirer dans ce règne fécond en merveilles, que de voir les deux fractions depuis longtemps séparées d'un grand peuple, l'une vaincue par les armes, l'autre par nos bienfaits, *se donner la main* sous l'égide du drapeau de la France, et *concourir avec elle* à l'accomplissement de la grande œuvre que lui a confiée la Providence !... »

(M. le premier Président DE VAULX, président du Conseil général à la Session d'ouverture du Conseil, 1862.)

nous fuiront avec raison. Au contraire, que notre réputation d'impartiale justice nous précède chez les Berbèrs-Sah'riens, et par eux chez les noirs, alors les chemins s'ouvriront d'eux-mêmes.

## IV

Nous aborderons une dernière question, celle si souvent controversée de la fusion des peuples conquis (Arabes) et conquérants.

Il n'a échappé à personne que c'était l'œuvre la plus difficile de la conquête.

Cette fusion est-elle possible ?

Il serait trop décourageant de répondre négativement, et une réponse affirmative serait prématurée.

Cette fusion n'est pas le fait d'une génération : c'est un résultat du temps, le couronnement de l'œuvre.

Pour nous convaincre de cette vérité, banale à force d'être vraie, nous n'avons qu'à relire notre histoire nationale.

« ..... Si jamais une semblable fusion s'opère, écrivait M. le général Daumas, toutes les difficultés de notre conquête s'aplaniront immédiatement; s'il est permis de la tenter quelque part, c'est dans la grande Kabylie, à cause des tendances industrielles, pacifiques et laborieuses de sa population..... »

La conquête a prouvé l'impossibilité matérielle d'introduire un élément étranger dans les massifs du Djordjera, mais elle a fait connaître les avantages du procédé inverse.

Les Kabyles, que leurs qualités rapprochent de nous, précisément comme elles les avaient éloignés des Turks, doivent être, nous le répétons, les intermédiaires de notre civilisation, de nos mœurs et de nos coutumes vis-à-vis du peuple arabe. On atteindra ce but, sinon rapidement, du moins avec certitude, par l'extension des relations, l'instruction, et surtout *le mélange des deux races Kabyles et Arabes.*

Jusqu'à ce jour, là où il y a eu mélange ou soi-disant fusion des races Européennes et Arabes, celle-ci tend à disparaître, car l'obligation à la vie sédentaire la soumet plus directement à l'influence toujours fatale des peuples supérieurs. Les nécessités d'une existence restreinte par le cantonnement, le mélange forcé des races amèneront inévitablement, et malgré une augmentation réelle de bien-être, une dépopulation déjà constatée aux environs des grands centres Européens.

Pour arriver à cette fusion, il faut donc s'adresser d'abord à l'élément le plus assimilable : il est évident que c'est le Kabyle.

Au moment de la dernière insurrection des Indés, lord Henri Reeve conseillait de favoriser l'établisse-

ment d'une population européenne aux Indes, avec
l'espoir d'amener, par ce moyen, un rapprochement
entre les deux races et de développer ainsi la civilisation Chrétienne dans cette riche contrée.

Il ne sera pas hors de propos de rapporter ici les
réflexions suggérées par ce projet à un de nos premiers et regrettables économistes, M. de Tocqueville
qui, s'il n'avait fait qu'apercevoir l'Algérie, avait
profité de ses entretiens avec le maréchal Bugeaud :
cette citation ne sera pas déplacée :

« ..... Une race inférieure par sa constitution ou
son éducation peut bien supporter le gouvernement
d'une race supérieure : elle ne ressent que les bons
effets de cette supériorité, et si ce gouvernement est
habile, elle peut le préférer à celui même de ses
princes. Mais le voisinage d'un particulier plus civi-
lisé, plus riche, plus influent, plus habile que lui,
ne peut manquer d'être un objet de haine et d'envie
à l'indigène d'une race inférieure. Le gouvernement
étranger ne blesse que les sentiments nationaux, qui
sont faibles. Le colon étranger blesse ou semble
blesser de mille manières les intérêts particuliers
qui sont chers à tous les hommes. On croit toujours
qu'il abuse de sa supériorité, de ses lauriers, de sa
fortune et de son crédit pour faire de bonnes affaires
et s'enrichir aux dépens de ses voisins; et de
toutes ces petites haines particulières, la haine na-

tionale s'accroît infiniment. Je ne doute pas qu'en
Algérie les Arabes et les Kabyles ne soient plus irrités de la présence de nos colons que de celle de nos
soldats. Le grand but à poursuivre dans l'Inde est
de bien répandre dans ce pays les bienfaits de la civilisation chrétienne. *C'est l'œuvre du gouvernement
plutôt que celle des particuliers.* Que le gouvernement tende de plus en plus à appliquer dans l'Inde
les principes généraux qui rendent l'Europe riche et
éclairée, il fera sentir peu à peu aux Indous les
avantages de notre civilisation et les en rapprochera.
Le contact d'une population Européenne ne fera,
je crois, qu'accroître leurs préjugés et leur répugnance (1). »

Ces réflexions furent goûtées, et les Anglais, auxquels on ne peut adresser le reproche de ne pas sa-
voir coloniser, maintinrent dans l'Inde la politique
de la Compagnie. Cette politique pêche par les seuls
défauts du peuple britannique, dont la raideur et
l'orgueil de caste éloignent les vaincus, défauts que
n'ont pas les administrateurs militaires français.

Est-ce à dire que la fusion des Arabes et des
Français soit chose impossible ?...

Non.

Mais ce sera long.

---

(1) *Lettre à lord Hatterton :* Correspondance, t. II, p. 434.

« Que l'Européen cesse de considérer l'indigène comme un vaincu et un serf, fatalement et passivement soumis à l'arbitraire de sa loi. Car un funeste préjugé local qui pèse sur l'Arabe le fait parfois ici traiter de barbare dégradé et asservi... (1). »

Un des moyens les plus efficaces pour relever et surtout encourager la partie éclairée du peuple Arabe, serait d'accorder, sans restriction ni retard, la qualité et les droits de citoyen Français à tous les indigènes musulmans qui demanderaient ce titre, d'admettre *sur le même pied que nous* les jeunes Algériens dans les écoles gouvernementales, en faire des *officiers Français* (2), *des médecins Français* et surtout *des agriculteurs Français*. En un mot, et comme l'a si bien dit M. le général Yusuf, supprimer entre hommes cette fatale distinction d'Indigènes et de Français qui équivaut trop souvent aux mots barbares de vaincus et de conquérants.

Quoi qu'on en puisse dire, l'Arabe est très-intelligent. On le traite souvent de paresseux en oubliant quelle incertitude cruelle pèse en ce moment sur les résultats de son travail. Depuis trente années que nous vivons à côté d'eux, d'abord la guerre ne leur

(1) M. le général de division Yusuf : *Discours au Conseil général d'Alger*, séance du 3 octobre 1862.

(2) Il y a déjà deux officiers, arabes d'origine, dans cette position, l'un au 3ᵉ chasseurs d'Afrique, l'autre au 1ᵉʳ de tirailleurs algériens.

a pas permis de cultiver, puis aujourd'hui, quand on leur montre les terres incultes, ils vous répondent : *A quoi bon défricher ces champs qu'on nous enlèvera demain, ou après-demain peut-être ?*

Lorsque l'instruction et la paix, le sentiment de la propriété et de l'égalité auront dégagé l'esprit des Arabes des langes du fanatisme et des préjugés surannés, qu'ils auront vu, touché la société Kabyle, rapidement devenue Française, alors ils se régénèreront et plus vite qu'on ne le suppose.

J'ai trop longtemps vécu au milieu des Arabes, non pas en qualité d'officier, mais comme soldat, c'est-à-dire leur égal, leur camarade de tous les jours et de tous les instants, pour n'avoir pas le droit, après les avoir appréciés, de dire à quel point je les crois susceptibles de revenir vers la civilisation (1).

Lors même que les devoirs les plus sacrés imposés par le seul fait de la conquête ne nous commanderaient pas impérieusement de chercher, par tous

_____

(1) « Je ne crois pas à l'imperméabilité du peuple arabe, à sa haine pour nos arts et notre bien-être social, parce que je trouve dans son histoire même, dans les traces si nombreuses de ses arts importés et appliqués en Europe, la cause de ma conviction. »

(Général BEDEAU.)

Je transcris ce passage d'abord parce qu'il exprime et corrobore ma pensée, et parce qu'il a été récemment cité dans une brochure aussi juste que remarquable.

les moyens, à relever les Arabes, nous devrions encore le tenter par reconnaissance en nous rappelant, suivant les belles paroles de M. Ernest Renan : « *que l'on peut sans exagération leur attribuer au moins une moitié de l'œuvre intellectuelle de l'humanité...* »

Nulle part on ne civilise à la vapeur, car alors on détruit sans édifier : laissons le temps enlever ceux qui ont défendu contre nous leurs tentes et leurs cimetières, leur foi et leur indépendance... N'ayons aucune prévention haineuse contre ceux qui sont tombés — non sans gloire — devant le courage de nos soldats.

Élevons jusqu'à nous les jeunes générations Arabes, et cela par la main loyale des Kabyles.


# V


Lorsque nous relisons l'histoire des nombreuses colonies fondées par l'Europe, depuis quelques siècles, nous voyons toujours se produire deux ordres d'idées contradictoires vis-à-vis des peuples conquis : l'un, celui des colonies libres, nous offre de vaines tentatives de conciliation, entre les conquérants et les indigènes, dirigées par quelques hommes de bien. Puis, peu après, ces efforts généreux sont débordés

par les haines allumées par l'avarice, envenimées
par la barbarie et la soif d'acquérir : les indigènes
sont brutalement dépouillés et asservis à l'aide de
théories spécieuses, dictées par une brutale cupidité
et la race conquise disparaît fatalement.

L'autre système, que nous appellerons métropoli-
tain, protége et les colons et les intérêts du peuple
conquis : il fait produire le plus possible et, grâce à
l'augmentation des produits imposables, il s'enrichit
par l'impôt et peut développer toutes les branches
industrielles, commerciales et agricoles. Il modère
les appétits désordonnés des nouveaux venus jusqu'à
l'entière formation d'une société, reposant sur les
bases morales qui font les États dignes de ce nom.

Nous n'avons pas à discuter lequel de ces deux
systèmes est préférable.

En dehors de toutes les thèses économiques, c'est
l'humanité qui décide en dernier ressort et la postérité qui juge

En Algérie, plus que partout ailleurs, nous ne devons pas oublier que la France doit s'illustrer moins
par l'esprit de conquêtes, que par ses généreuses
sympathies pour les vaincus et les opprimés.

Rejetons donc loin de nous toute théorie qui res-
semblerait à un *væ victis*, et, sous prétexte de liberté, n'imposons pas au peuple indigène le terrible
despotisme de la spéculation et de l'exploitation.

# NOTES

**Les Maronites. — Un Kanoûn ou charte kabyle.**

————

## NOTE A. — *Les Maronites en Algérie.*

C'est à M. le duc d'Aumale que revient, je crois, l'idée première d'introduire les Maronites en Algérie. Ce prince espérait trouver dans les Arabes chrétiens le noyau d'un corps de cavaliers d'élite à opposer aux Arabes musulmans, et connaissant leur tactique que nous ignorions alors. Nous n'insisterons pas sur cet emploi militaire du peuple le moins belliqueux de la Syrie.

M. Louis de Beaudicour, plus récemment MM. Vayssette et de Mas-Latrie, proposèrent une émigration agricole de Maronites en Algérie. Cette idée rallia beaucoup d'esprits généreux et mérite d'être examinée.

Les chrétiens Libanais ne sont ni agriculteurs, ni pasteurs : habitant des montagnes escarpées et difficiles, ils en ont tiré un admirable parti pour la culture toute spéciale du mûrier et la production de cette soie qui constitue la richesse de la Syrie.

Où placerait-on les Maronites montagnards, inhabiles dans la culture des céréales, qu'ils sont habitués à tirer de la Cœle-Syrie et du Haauran ?

Les montagnes seules conviendraient à ces émigrants, mais les parties élevées de l'Algérie sont habitées par le peuple Kabyle, dont l'excédant de population doit émigrer annuellement et fournit les plaines de travailleurs plus industrieux et surtout plus laborieux que les Maronites.

Au point de vue tout spécial de la sériciculture, nous ajouterons que l'acclimatement en Europe du ver à soie du chêne, espèce robuste et propre à nos climats (1), menace d'une dangereuse concurrence son congénère, le ver à soie du mûrier.

Serait-il bien prudent, — et ceci est plus grave, — d'amener en Algérie, où tant de croyances diverses se coudoient déjà, une nation de chrétiens, très-fervents il est vrai, mais qui n'admettent de tolérance que pour leurs seuls dogmes ?... et dont les haines religieuses sont facilement surexcitées à un point que nous autres, chrétiens du XIXe siècle, comprenons heureusement peu.

D'ailleurs, il est selon nous une question capitale qui doit s'opposer à toute tentative de déplacement de l'élément Maronite : les chrétiens du Liban, investis depuis saint Louis de privilèges renouvelés par nos divers gouvernements, et toujours maintenus par nos agents consulaires en dépit des tentatives d'empiétement de la Sublime Porte, en communauté de croyances avec nous, instruits par nos religieux, représentent seuls, il faut le dire, l'influence française en Orient.

Les efforts de la diplomatie étrangère pour détacher les Maronites de la France ont, disons-le à leur honneur, toujours été stériles.

Si l'Angleterre protège les Druzes, la Russie les chré-

(1) C'est à notre digne et bienveillant ami, M. Guérin Méneville, que la France est redevable de cette source nouvelle de richesses.

tions grecs, la France ne doit-elle pas faire tous ses efforts pour fortifier et soutenir, comme elle l'a fait récemment, les chrétiens Libanais.

Les Maronites sont Français de cœur, ils ont foi en notre protection ; les conduire en Algérie serait avouer notre impuissance à les protéger, abandonner toute influence en Syrie, perdre sans compensation, et pour eux et pour nous, le fruit d'une politique traditionnelle.

Beyrouth, mars 1862.

## Note B. — *Kanoûn du village de Thaourirt-Amokrân chez les Aïth Iraten.*

Les Kanoûn, répertoires des lois ou coutumes kabyles, sont un des plus curieux et des plus intéressants spécimens de la constitution politique des démocraties berbères.

Ces chartes remontent aux temps les plus reculés, et elles tirent une irrécusable sanction de cette antiquité même.

Comme caractère général, elles décèlent des idées morales de l'ordre le plus élevé sur le gouvernement par la loi. S'il est vrai qu'un État est surtout puissant en raison du respect qu'on y professe pour la loi, la Kabylie, — et c'est ainsi que nous l'envisageons, — deviendra un des plus sûrs éléments de force pour l'avenir de l'Algérie française.

On retrouve, dans la plupart de ces codes, des souvenirs ou des analogies avec les lois d'autres civilisations. C'est ainsi que l'on peut voir un souvenir des coutumes de l'Étrurie et de la Rome antique, dans l'inviolable droit d'asile

universellement reconnu par tous (1)? Peut-être aussi une
influence chrétienne dans la loi qui attribue aux orphelins
d'une victime les biens du meurtrier quand il n'a pas d'enfants (2)? A ces souvenirs d'une morale policée et bienfaisante, se mêlent les sanglantes et primitives coutumes des
peuples barbares, telles que la peine du talion, les vengeances; les réminiscences germaniques sont plus fréquentes encore (3).

M. le général Daumas, et plusieurs autres écrivains, ont
cru voir dans le mot kabyle Kanoûn un dérivé du mot grec
κανον, un vague souvenir chrétien des canons ecclésiastiques; sans adopter cette assimilation, on peut affirmer que
ces deux mots ont une commune origine, opinion justifiée
par le nom que portent encore les codes en vigueur chez les
chrétiens grecs d'Albanie et d'Asie mineure, recueils qui
présentent quelques analogies, quant à la forme générale,
avec ceux des Kabyles. Chez les Myrdites de la haute Albanie, la justice est rendue d'après les lois *Canounes Lechi*,
conservées au moyen de la tradition.

Il n'existe pas d'autorité matérielle qui puisse lutter contre
le pouvoir moral des Kanoûn : en admettant que les passions
du moment, si fortes dans toutes les têtes kabyles, puissent

(1) « Vous nous en voulez parce que nous donnons refuge à des gens qui
sont vos ennemis, et cependant nous ne faisons que suivre la loi de Dieu.
Quelle confiance auriez-vous en nous quand vous entrerez dans nos montagnes, si dès à présent nous livrons entre vos mains ceux qui sont venus nous
demander l'hospitalité? Répondez, et dites si vous ne feriez pas vous-même
ce que vous nous reprochez. Notre Anaya est le makhzen (autorité) qui nous a
gouvernés jusqu'à ce jour; la poudre a fait taire les familles qui voulaient
porter le trouble parmi nous; nous nous aimons l'un et l'autre, car ils nous ont
permis de régler nos affaires sans que nous ayons besoin d'un concours étranger; le jour où nous cesserons d'en faire cas sera celui de notre décadence. »
              (*Lettre d'une Djéma de la tribu des Guechtoula au*
                 *commandant supérieur de Dra-El-Mizane*, 1851.)
    (2) Kanoûn du village de Thaguemount-ou-Kerouch, chez les Maatka et
plusieurs autres.
    (3) Le colonel HANOTEAU : *Revue africaine*, t. III, p. 75.

un instant interrompre l'action de la loi, on peut être certain que les montagnards y reviendront bien vite et d'un commun accord, car l'expérience a prouvé à ce peuple positif que là seulement était le salut de la société.

La violation des principes du Kanoûn serait un fait inouï qui ne pourrait manquer d'attirer le bannissement des coupables, grave châtiment chez un peuple dont le premier sentiment est l'amour de la patrie.

Les Kanoûn, nous l'avons dit, varient de tribu à tribu, de village à village. Il serait utile de les recueillir tous, au moins à titre de documents historiques.

Nous publions ici celui de Thaourîrt Amokrân (la Petite Colline du chef), bourgade assez considérable des Ikhelidjen, une des cinq grandes fractions de la tribu des Aïth Iraten :

### CECI EST LE KANOUN DU VILLAGE DE THAOURIRT-AMOKRAN.

« Au nom du Dieu clément et miséricordieux, qu'il ait en sa grâce Notre-Seigneur Moh'ammed et ses compagnons. — Ainsi soit-il !

» Gloire au Dieu unique !

» Que sa grâce et le salut soient sur son Prophète !

» Voici ce que nous apprend notre livre et ce que nous avons arrêté selon le sentiment des Kadhi, des Moufti, des légistes et de ceux auxquels Dieu a confié les affaires du peuple, et auxquels il a départi sa grâce et la connaissance du vrai et du juste.

» Transcription des lois du village de Thaourîrt Amokrân, concordant avec le Koran, la tradition islamique et les coutumes locales, conformément à cette parole de Dieu : « Aidez-» vous pour la vertu, mais ne vous aidez pas pour les ini-» mitiés... » Et conformément à cette parole du prophète : « Celui qui engage à faire le bien est comme celui qui le » fait... »

» En premier lieu, celui qui se révolte contre Dieu et le Prophète, et que Dieu, par sa parole, a condamné aux feux de l'enfer, sera puni d'une amende de cinquante réaux, s'il a blessé ou dépouillé quelqu'un (1).

» Quant aux voleurs, Dieu a dit : Coupez la main au voleur et à la voleuse. Mais chez nous, il sera payé cinquante réaux si le vol a été commis pendant le Ramadân, le jour ou la nuit, par un homme ou par une femme, un homme libre ou un esclave. Hors du Ramadân, il ne sera payé qu'un réal ; si la valeur de l'objet s'élève à plus de dix temeïnîn, l'amende sera de trois quarts de boudjoux : il y aura en outre restitution de la valeur de l'objet, quelle que soit sa valeur (2).

» Une succession ne peut revenir qu'à l'héritier légitime. Celui qui a partagé avec son fils en s'en remettant au sort, puis veut après le frustrer de sa part, paiera cinquante réaux, lesquels seront également payés pour cause de frustration après une vente, une succession, un partage, un arbitrage, un jugement de la Djêma.

» Si un désaccord, un conflit surviennent dans un village, et que quelqu'un y introduise l'ennemi et compromette la sûreté publique, ses biens et sa maison deviennent la propriété de la Djêma : s'il ne possède rien, il est banni à perpétuité.

» Celui qui tue quelqu'un sur le territoire du village ou assiste à un meurtre, est banni, et ses biens retournent à la Djêma.

» Si quelqu'un quitte le village pendant une guerre, sa

_____

(1) Le réal vaut deux francs cinquante de notre monnaie, et le boudjoux algérien un franc quatre-vingts centimes.

(2) Chez les M'likeûch, si un individu est surpris volant la nuit dans une maison, tous ses biens deviennent la propriété du maître de la maison où il a tenté de voler. Celui-ci porte plainte à la djêma, et il dit : « *Thoura nek'al d'babas!...* » Maintenant, c'est moi qui suis son père, c'est-à-dire j'ai sur lui les droits d'un père sur ses enfants, je puis disposer de ce qui lui appartient.

(M. le colonel HANOTEAU : *Essai de Grammaire kabyle*, p. 317.)

maison est rasée, et il paie cinquante réaux. Il en est de même s'il se bat contre le village le jour ou la nuit.

» Que la malédiction des générations passées et à venir soit sur celui qui changera ces lois !

» Quand un meurtre est commis, c'est le meurtrier qui doit mourir : s'il meurt accidentellement, le prix du sang retombe sur la succession. Si le meurtrier se sauve, ses biens et sa maison sont donnés à la victime. Celui qui, contrairement à la loi tue un autre que le meurtrier, paie cent réaux et la peine de mort retombe sur lui (1).

» Celui qui tue quelqu'un involontairement, en temps de guerre, n'a rien à perdre : l'autorité l'absout; si c'est volontairement, ses biens reviennent à la Djêma.

» Celui qui divorce et reprend ensuite sa femme paie dix réaux.

» Quand une femme reste veuve avec un enfant, elle touche le tiers du revenu jusqu'à sa mort.

» Lorsqu'un homme meurt sans laisser d'enfants et sans assigner verbalement un douaire à la veuve, elle touche vingt réaux. S'il a, au contraire, assigné un douaire à la veuve, elle y a droit jusqu'au tiers de la succession.

(1) La Dia, ou prix du sang, est très-rarement acceptée par les Kabyles qu — pour leur honneur — croiraient se flétrir en recevant une compensation pécuniaire. C'est au fils à venger l'injure faite à la famille : en cas de mort du coupable, cette vengeance devient transversale, elle atteint le frère ou les plus proches parents. Voici un fait qui prouve la force de l'opinion à cet égard : Un Kabyle (Beni-Ouaguennoun) est assassiné, ses biens sont immédiatement placés sous le séquestre. Le frère de la victime a recours au chef du bureau arabe, se plaignant non-seulement de la confiscation des biens de son parent, mais encore des siens propres. La djêma comparut alors devant l'officier français, et cette assemblée kabyle allégua comme justification naturelle que l'assassinat n'ayant pas été vengé par la mort du meurtrier, celui-ci *avait été nécessairement stipendié par le frère de la victime.*

La législation récemment octroyée par le *Vladika* Daniélo au Monténégro admet encore la composition pécuniaire et ne fait qu'assigner des limites à la vengeance du sang qu'elle ne peut proscrire sous peine d'être complètement méconnue. Les mœurs corses offraient jadis les mêmes coutumes exigées par l'opinion publique et excusées par les préjugés.

5

» Celui qui tire un coup de fusil sur quelqu'un, paie vingt réaux ; il ne paie qu'un réal s'il se borne à le menacer.

» Si quelqu'un commet un meurtre pour hériter d'une succession, ses biens sont donnés à la Djêma.

» Celui qui frappe avec un instrument de fer, une pierre ou un bâton garni de fer (1), paie cinq réaux. La seule menace de frapper est taxée d'un réal.

» Pour celui qui aide son fils dans une querelle, amende de cinq réaux.

» Pour quiconque cherche querelle à celui qui accompagne une femme, cinq réaux.

» Celui qui brise l'anaya invoqué par un étranger, cinquante réaux.

» Pour celui qui vole des légumes, du raisin ou des fruits, cinq réaux si le larcin a eu lieu pendant la nuit, et un réal lorsque c'est le jour.

» Même amende pour celui qui vole des feuilles de frêne (2), des olives ou des glands.

» Pour celui qui a rendu un faux témoignage ou lésé l'honneur de quelqu'un, cinquante réaux.

» Celui qui injurie une femme, un réal.

» La femme qui insulte un homme, un réal.

» Pour des femmes qui se sont querellées ou injuriées à la fontaine, chacune un réal.

» Celui qui provoque une querelle un jour de Djêma, d'alerte, de répartition (3) (tîmcheret), d'enterrement ou de noces, les nuits comprises, un réal.

---

(1) Bâton noueux, garni de pointes et de cercles ferrés, arme terrible entre les mains des Kabyles; on les appelle Debouz, azâg, m'stfa.

(2) Les feuilles de frênes sont soigneusement recueillies pendant l'automne pour être données en fourrage sec aux bestiaux lors de la saison d'hiver.

(3) Timecheret' signifie distribution, partage de viande fait à tous les habitants d'un village sans distinction d'âge ou de sexe.

Une idée plus poétique que juste a fait comparer ces distributions fraternelles de viande aux agapes des premiers chrétiens.

» Celui qui a trompé son ami doit lui rendre la valeur de ce dont il l'a frustré, quelle que soit cette valeur.

» Pour celui qui va à la fontaine des femmes, et celle qui va à la fontaine des hommes, un quart de réal, soit que ce puisse être pour abreuver les bestiaux, laver du linge ou des légumes.

» Pour celui qui refuse son aide afin de relever une bête de somme un quart de réal.

» Celui qui porte préjudice à son frère avec ses troupeaux donne un quart de réal.

» Celui qui entend une alerte et qui ne se réunit pas de suite au contingent, un demi-réal.

» Celui qui veut vendre son bien doit en abandonner un dixième à son frère (de père et de mère) dans un délai de trois jours, après chaque vente.

» Celui qui frappe l'émissaire étranger d'une fraction ennemie, venu pour faire des menaces de guerre, dix réaux.

» Celui qui a causé une maladie à son frère, cinquante réaux.

» Celui qui a été découvert écrivant des amulettes aux femmes, vingt réaux (1).

» Pour celui qui s'entend avec un homme de chorfa, tels que les Oulad-Ali, les Ikhelidjen, ou pour tout marabout qui noue des intrigues dans l'un ou l'autre parti, cinquante réaux (2).

---

(1) Un jeune homme amoureux d'une femme qu'il ne peut posséder, va trouver un Thaleb, par lequel il se fait rédiger deux talismans, il en porte un sur lui et par l'entremise de quelque vieille femme fait glisser l'autre dans les vêtements ou les bijoux de celle qu'il recherche. Dès que celle-ci a porté pendant plusieurs jours le bienheureux papier, les vœux des amoureux ne tardent pas à être réalisés.

(2) Thaourirt-Amokran, ainsi que la plupart des bourgades kabyles, était divisé en partis hostiles. On conçoit donc que le kanoûn ait de tout temps prévu et cherché à prévenir les tentatives de dissensions ou d'embauchage des fractions rivales qui, le plus souvent, n'attendaient que ce prétexte pour courir aux armes.

» Lorsque quelqu'un meurt pendant la guerre et laisse une femme et des enfants, le père ou le frère de cette femme, qui la remarie, ainsi que celui qui l'épouse, paie dix réaux.

» Si des hôtes sont venus trouver quelqu'un pour une affaire, et qu'il leur ait donné l'hospitalité en présence de l'amîne, il ne doit rien ; si le village les a nourris, il doit rembourser la dépense.

» Si des étrangers viennent, et qu'un habitant du village ne consente à les recevoir qu'après que les étrangers auront dépassé cinq maisons, il paiera un réal (1).

» Celui qui se refuse à fournir la nourriture à son père ou à sa mère, paiera vingt-cinq réaux, et il sera en outre contraint à fournir cette subsistance jusqu'à la mort de ses parents.

» Même amende pour celui qui frappe ses père et mère.

» Celui qui changera les présentes lois sera maudit par les gens de bien, ainsi que sa postérité et ses frères, et il paiera cent réaux.

» Sont tombés d'accord de ceci les habitants du village de Thaourirt Amokrân, petits, grands et chérifs. »

FIN.

_____

(1) Les lois de l'hospitalité sont parfaitement réglées en Kabylie : chaque maison à son tour doit héberger les hôtes ou fournir ce qui leur est nécessaire. Des fonds spéciaux sont entre les mains de la djèma pour traiter les voyageurs et leurs animaux.

Les anciennes lois frankes et burgondes des IIIe et IVe siècles offrent des exemples analogues : « *Quiconque aura dénié le couvert et le feu à un étranger en voyage sera puni d'une amende de trois sous...* »

(*Lex Burgondionum*, tit. XXXVIII, p. 206 du t. IV, de SIDOINE APOLLINAIRE d'après AUGUSTIN THIERRY.)

# DEUXIÈME PARTIE

# LE PASSÉ

# DEUXIÈME PARTIE

# LE PASSÉ

—

## CHAPITRE PREMIER

### Origines, domination romaine

Hérodote nous décrit les indigènes de l'Afrique comme de véritables sauvages, une race barbare dépourvue de toute civilisation. Après ces aborigènes vinrent s'établir de nombreuses migrations, d'origine Asiatique, si l'on en croit toutes les traditions.

L'hypothèse la plus plausible qui résulte des recherches philologiques de notre époque, c'est que les premiers envahisseurs furent les Hycsos, qui, après avoir dominé l'Égypte, sous les Pharaons, en furent expulsés par les anciens habitants. Ces nomades, soit qu'avec Eusèbe on les considère comme des Phéniciens, soit qu'avec Manéthon on en fasse des Arabes (1), étaient certainement d'origine Sémitique. Cette considération donne une grande valeur au récit du Byzantin Procope, en en retranchant toutefois sa fable de l'expulsion des Gergéséens de la Palestine (2). Quoi qu'il en soit, les expéditions vraies ou non des Indiens, des Mèdes, des Perses, des Arméniens, des Chananéens, des Hymiarites, dont Strabon, Salluste et les auteurs musulmans (3) nous ont conservé le récit, indiquent au moins de vagues souvenirs d'immigrations venues de l'Orient.

Les premières notions précises que nous avons sur la Numidie, nous représentent les indigènes nomades et pasteurs. A cette époque, les montagnes

(1) Ce qui expliquerait la présence de certains noms de lieux et mots arabes trouvés en Afrique bien avant le temps de Moh'ammed.

(2) PROCOPE, Bell.-Vandal. II, ch. x. On sait que cet auteur fait descendre les Berbers des Chananéens, chassés de Palestine par Josué, fils de Noun. Nous ferons remarquer à cet égard que les Aïth Betroun, tribu de la confédération des Zouaoua, sont désignés par la tradition comme les descendants des victimes d'une proscription ordonnée par Salomon ; leur nom existe, en effet, dans la Betroun de Syrie, l'ancienne Botrys. Dans cette même tribu de Betroun, nous retrouvons une fraction qui, sous la forme berbère, taarkoubt, porte le nom d'un des districts du Liban, celui de Arkoub. Le nom des Menguellat présente également une physionomie Syro-chaldaïque, sinon Araméenne. Nous pourrions multiplier les exemples d'analogies de ce genre.

(3) EL KAÏROUANI, Histoire de l'Afrique, page 28. — EDRISSI, dᵒ, t. 1, page 202. — EBN KHALDOUN, Histoire des Berbers, t. I, page 60.

n'étaient pas habitées et servaient seulement de refuge momentanée aux tribus, trop faibles pour résister aux entreprises de leurs voisins (1).

Primitivement, dit une tradition répandue dans le pays, la Kabylie était couverte d'épaisses forêts, dont celle du Djebel-ez-Zan n'est plus qu'un dernier vestige (2).

Les montagnes ne commencèrent guère à être peuplées qu'au temps de Massinissa qui, le premier, s'attacha à fixer les habitants au sol, à leur faire abandonner les habitudes de la vie errante et à se livrer à l'agriculture. La réduction successive de diverses parties de la Numidie en provinces romaines, contribua surtout à peupler les pentes du Djerdjera, car ceux des indigènes déjà habitués à l'agriculture, qui ne voulurent renoncer ni à la vie sédentaire ni à l'indépendance, durent se jeter dans les montagnes, où leurs oppresseurs ne pouvaient les réduire.

Mais déjà, bien avant ces temps relativement modernes, quelques bandes de fugitifs avaient

(1) TITE LIVE : *Guerres de Massinissa*, lib. XXIX, c, XXXI, XXXII, XXXIII.

(2) Ces traditions sont unanimes sur divers points de la Kabylie : Jadis, racontent-elles, le Sebaou, dont le lit large et accidenté sillonne aujourd'hui la vallée des Amraoua, n'était qu'un mince filet d'eau enjambé facilement par les voyageurs. Il existe une légende semblable pour l'Oued-Bour'ni et sur le versant méridional du Djerdjera pour l'Oued-Sah'el.

5.

cherché asile dans les régions boisées du Djerdjera, car on retrouve dans la partie occidentale de cette montagne, des excavations cylindriques d'un aspect singulier, semblables aux habitations Troglodytiques du Haourân et des bords de la mer Morte, et qui doivent remonter à la plus haute antiquité (1).

Les premiers récits que nous connaissons à propos de la Kabylie sont des annales de révolte et de guerre. C'est à *Auzia* (Aumale) que la défaite et la mort de Tacfarinas mirent fin à la guerre sans trêve que ce hardi rebelle faisait depuis dix ans à l'empire.

Il nous reste peu d'éléments sur la politique de Rome envers les pays kabyles; nous savons que, n'ayant pu entamer qu'imparfaitement le massif Djerdjeréen, elle le surveillait par des marches militaires commandées par des *prœpositi*. L'histoire nous a conservé les noms de ces établissements; c'é-taient : les *limites* TUBUSUPTANUS, AUZIENSIS, BIDENSIS, TAUGENSIS, dont les capitales occupaient les points actuels de *Tik'lat, Aumale, Djema-t-es Sah'aridj* et *Taourga.*

Plus tard, nous retrouverons les Turks exerçant sur les mêmes points, mais dans un cercle plus res-

---

(1) De si haute antiquité même que la légende, prenant une forme mythologique, a changé en géants ces anciens habitants du pays. Voyez nos *Notes et recherches sur le Haourân (Syrie Orientale)*, *Nouvelles Annales des voyages*, p. 21, t. IV, 1861.

treint encore, une politique analogue, la seule d'ailleurs logique et praticable.

Des échelles importantes, jadis fondées par les Phéniciens et les Carthaginois, furent rétablies à Rusucurum (*Dellys*), Iomnium (*Cap Tedelles*), Rusupizir (*Zeuffoun*) et Saldae (*Bougie*). Elles protégeaient les navires qui parcouraient la côte contre les déprédations des pillards.

Il n'est pas hors de propos ici d'examiner succinctement quelle était cette colonisation Romaine si vantée; c'était bien plus une domination qu'une colonisation, une suzeraineté même qu'une domination.

A part les nombreuses villes maritimes, nécessitées à cette époque par une navigation toute primitive, les Romains n'avaient aggloméré des colons Européens, que dans quelques cités principales auxquelles ils donnaient le nom de *colonies*. Au temps de Pline, il en existait dix-huit seulement dans toute l'immense région qui comprend les royaumes de Marok, de Fez, d'Alger, de Tunis, de Tripoli ; le reste des villes était habité par des indigènes, dont quelques-uns, ainsi que dans le reste de l'empire, obtenaient le titre de citoyens Romains. En dehors des grandes confédérations que les Romains laissèrent subsister, soit à titre de vassales, soit indépendantes, il y avait aussi nombre de localités peu importantes revêtues du titre de République.

Qu'on ne se laisse pas tromper par les noms latins fort nombreux, mentionnés sur les inscriptions exhumées par nos savants. On sait que dans le système de clientèle et de patronage des maîtres du monde, les clients devaient prendre le nom de famille de leurs patrons et ces mêmes inscriptions nous révèlent que beaucoup de personnages revêtus des noms glorieux des Claude et des Cornélius étaient originaires des tribus Gétuliennes et Zénatiennes du désert.

Les grandes villes elles-mêmes n'étaient pas uniquement habitées par les Latins : il restait dans leurs murs des familles nombreuses d'indigènes, descendant des fondateurs de ces cités. Telles étaient Cirta, Iol, Siga et tant d'autres qui conservèrent jusqu'à leurs noms indigènes.

Une remarque non moins importante, c'est le peu de valeur de tous ces points et de tous ces bourgs nommés par Ptolémée, les itinéraires et les actes des conciles.

Ce serait également manquer de critique que de citer en faveur de la domination romaine, les nombreux évêchés de l'Afrique, mentionnés par Morcelli et d'autres auteurs ecclésiastiques. Car, dans ces temps de la primitive église, les évêques étaient loin d'avoir l'importance hiérarchique acquise par nos prélats modernes. Nous voyons des bourgades du der-

nier ordre, des hameaux même, revêtus du titre —
si pompeux pour nous — d'évêchés. Il suffit d'ailleurs de voir le clergé chrétien d'Orient à notre époque et la multiplicité des siéges épiscopaux, en
Syrie par exemple, pour se convaincre qu'ils ne
répondent ni à nos idées actuelles ni aux circon-
scriptions ecclésiastiques d'Occident.

Il ne faut pas croire non plus que l'agriculture,
le commerce et les richesses qui en résultent, da-
tent en Afrique seulement de l'époque romaine. Ces
peuples indigènes, dédaigneusement traités de *barbares* par les généraux de Rome, avaient une civilisation propre et avancée, attestée par une architec-
ture remarquable (1).

La principale force du gouvernement Romain était
dans l'attachement qu'il sut inspirer aux habitants
des villes, ennemis nés des nomades déprédateurs.
A l'aide des garnisons des cités, composées de lé-
gionnaires romains, de cohortes et d'escadrons étrangers, de nombreuses milices indigènes, régulières ou
irrégulières (2), ils gardaient les frontières du pays

(1) Tels sont le Medracen, dans la province de Constantine; le
monument connu sous le nom de Tombeau de la chrétienne, dans
celle d'Alger, et les Djeddars de la Mina, dans l'ouest de l'Algérie.

(2) « L'emploi des milices indigènes et des auxiliaires grossissait
singulièrement le chiffre des forces romaines en Afrique. Car il ne
faut pas croire, avec quelques personnes, que l'on contenait le pays

et donnaient à leurs sujets la sécurité qui seule permet le commerce, l'industrie et la culture des terres.

Un vaste système de lignes stratégiques nombreuses (1), construites d'après un plan raisonné, reliait ces villes indigènes et ces colonies Italiques. Elles assuraient les relations et la rapidité des opérations militaires. Des camps, des fortins, des blokhaus (*castra, castelli, burgi*), établis sur les frontières, servaient d'appui aux expéditions. Plus tard, il est vrai, on en établit d'autres à l'intérieur ; c'est qu'alors, Rome épuisée par les luttes intestines, attaquée avec plus de vivacité par les nomades, avait dû resserrer sa zone d'occupation.

avec la seule troisième légion cantonnée à Lambesse, c'est-à-dire avec une douzaine de mille hommes. Les découvertes épigraphiques nous ont suffisamment édifiés ; elles nous signalent, sur tous les points, des escadrons de Parthes, de Dalmates et des cohortes de Sardes, de Sicambres, de Bretons, etc. A ces troupes étrangères il faut ajouter une *masse d'indigènes* qui, sous le nom de *Limitanei* (gardes frontières), *Castriciani, Castellani* (préposés à la défense des camps et châteaux), devaient constituer un contingent assez respectable. Il faut y ajouter encore les *Burgarii* ou *Custodes Burgorum*, garnisons permanentes des innombrables *Burgus* ou forteresses isolées, construites primitivement sur les frontières, puis édifiées de toutes parts à mesure que les invasions des barbares, en se multipliant, faisaient courir des dangers de plus en plus sérieux à la domination romaine. »

(BERBRUGGER, *Revue Africaine*, t. V, p. 186.)

(1) La plupart des routes romaines en Algérie étaient très-étroites et très-rarement pavées.

L'Afrique envoyait en Italie d'immenses quantités de grains. Sans rechercher si c'est aux Mauretanies qu'il faut attribuer l'expression si connue de Grenier de Rome, ou seulement à la Zeugitane (Tunisie), on doit remarquer que l'impôt se payait en nature, c'est-à-dire en céréales, et que c'était là une exportation forcée, prélevée non sur les colons latins, mais sur les populations indigènes. Pour tirer le plus grand parti possible de ces populations, développer leurs produits, et par conséquent les matières imposables, les Romains construisirent, ou leur firent construire, les aqueducs, les réservoirs, les barrages, les canaux d'irrigation, les citernes, qui attestent aujourd'hui encore quel degré de prospérité atteignit alors la campagne africaine.

En résumé, la colonisation romaine en Afrique, offrait de grandes ressemblances avec le mode actuel du gouvernement des Anglais dans l'Inde (1).

D'après ce système, les Romains ne possédèrent, en Kabylie, que la vallée du Sebaou et celle de l'Oued Sah'el. Dans l'une ils fondèrent *Byda Colonia;* à la

(1) « ... Il s'en faut de beaucoup que les Romains aient mis à profit les immenses avantages que leur présentaient ces deux belles provinces. Leur sollicitude se restreignait aux villes de la côte et aux établissements peu nombreux qu'ils avaient fondés dans l'intérieur des terres, encore leur commerce ne fut-il jamais très-actif sur ces points. Pourvu que les chefs indigènes reconnussent leur

naissance de l'autre, *Auzia* qui commandait aussi la montagne du *Dira*. Sur les routes qui traversaient ces plaines ou les points dominants rapprochés, étaient échelonnées quelques stations indigènes, se rattachant aux lignes d'étapes de la province, défendues elles-mêmes par de petits postes dont nous avons retrouvé les ruines. Les habitants de ces stations jouissaient de diverses immunités, et, par cela même, avaient tout intérêt à soutenir la politique des Romains avec lesquels ils furent bientôt confondus par les montagnards. C'est à cette circonstance qu'il faut attribuer en Kabylie la présence de certaines familles qui se prétendent encore d'origine romaine (1).

En outre, dans quelques localités, ils avaient élevé pour les chefs franchement ralliés à leur cause, des maisons de commandement (*castella*). L'étude des monuments nous apprend qu'il en existait à *Tuleus* et peut-être à Tubusuptus. Néanmoins, il

suprématie et que les tributs fussent exactement payés en grains, c'était tout ce que les Romains demandaient. »

(MANNERT, *Géographie comparée des États barbaresques*, trad. MARCUS, p. 421.)

(1) Tels sont chez les Aïth Iraton la famille *Abekkar* qui, sous la forme plurielle, *Ibekkaren*, forme une fraction du village d'Iril G'Ifri ; les Aïth Salem, dans la même tribu. Les *Ibida*, chez les Fraoucen, sur le territoire même de l'ancienne *Byda colonia*, les Aïth Kouea chez les Adjennad, les *Ichnachen* chez les Iflicen ou Mellil, et beaucoup d'autres fractions dans plusieurs tribus.

serait téméraire de conclure à propos de certaines ruines, de structure évidemment romaine, observées dans les cantons élevés du pays, que les conquérants formèrent des établissements dans ces montagnes : il faut les attribuer à des ouvriers européens employés par les indigènes. Tout au plus pourrait-on supposer que les gouverneurs de province firent élever quelques monuments funéraires à des chefs tués en défendant les intérêts de la conquête (1).

On doit se demander de quelle nature était l'ascendant, exercé par la maîtresse du monde, sur les montagnards belliqueux de *Mons-Ferratus.* Il nous semble relativement facile de s'en rendre compte; ces habitants, contenus dans leurs inaccessibles rochers, vivaient indépendants, quant à leur administration intérieure; mais ils devenaient sujets des *prœpositi* lorsqu'il s'agissait de leurs intérêts dans les plaines soumises à l'autorité immédiate des gouverneurs Romains. Les annales de cette contrée, la domination Turke, nous ont laissé trop d'exemples de

_____

(1) Telle devait être la destination de quelques monuments (*Akbou* — coupole, dôme) décrits par MM. Hanoteau et Lecler, et par nous-même, dans le massif du Djordjera.

Dans les constructions romaines en Kabylie, on trouve le mélange des moellons avec les pierres de grand appareil qui accuse, soit l'époque de la décadence, soit l'emploi de la main d'œuvre indigène sous une direction latine.

faits analogues pour qu'il ne soit pas permis de conclure qu'il en devait être ainsi.

Cette domination persista trois siècles, mais pendant ce temps, les légions s'étaient usées dans les
luttes incessantes des Césars, et c'est à peine s'il restait quelques milliers de soldats pour garder l'Afrique. Les intérêts des populations indigènes s'étaient
profondément modifiés. Ecrasés d'impôts comme
tout le reste de l'empire par les empereurs de la décadence insoucieux de l'avenir, les Africains se soulevèrent en masse. Alors « les citoyens poursuivis
par les traitants n'avaient d'autres ressources que de
se réfugier chez les Barbares ou de donner leur liberté au premier qui la voulait prendre (1) ». En 297,
Maximien vainquit les peuplades Quinquegentiennes,
habitantes du Mons Ferratus, et en transporta une
partie. Ces succès n'empêchèrent pas cependant
la vallée trop dangereuse du Sébaou d'être aban-
donnée par les quelques soldats Latins qui y restaient encore.

Auzia fut, dit-on, détruite à cette époque, et le
chef-lieu de la marche militaire de ce nom fut trans-
féré au *Castellum Auziense* (Aïoun Bessem).

Sous les successeurs de Dioclétien, occupés à re-
fouler la grande invasion des barbares Germains, les

_____

(1) MONTESQUIEU, *Grandeur et Décadence des Romains*, chap. XXIII.

Romains cessèrent de confier le gouvernement des provinces romaines à des préfets ou à des comtes latins. Cédant à la nécessité, ils laissèrent ces commandements à de grands chefs indigènes qui furent moins leurs sujets que leurs vassaux. Ces chefs séparèrent bientôt leur cause de celle de Rome. Firmus, l'un d'eux, se révolta, et ce fut cette insurrection qui amena pour la dernière fois les cohortes romaines en Kabylie. Théodose, général de Valentinien, parcourut l'Oued-Sah'el, le Sebaou, et infligea, en dernier lieu, aux *Issaflenses* et aux *Jubalenæ* (Les Iflissen et les Igaouaouen de nos jours) de si sanglantes défaites que ces tribus abandonnèrent la cause nationale et se soumirent aux Romains.

Gildon, frère et successeur de Firmus, se révolta de nouveau : ce soulèvement fut également comprimé, mais il avait fallu que les Romains, réduits à profiter des divisions de famille, opposassent à Gildon, son frère, Masecel, qui lui succéda dans son commandement.

Rome conservait à peine cette suzeraineté souvent indécise sur les chefs de tribus quand survinrent les Vandales.

Le génie de Genseric maintint les chefs indigènes dans ce genre de soumission. Ce prince sut même fort habilement tourner à son profit l'ardeur de cette nation avide et remuante. Utilisant l'élément indigène, il l'associa à toutes les entreprises, plaçant les Berbers dans les rangs de ses soldats, sur ses vaisseaux et dans ses garnisons (1). Les faibles successeurs de ce prince ne surent pas maintenir ces bonnes relations, et les indigènes, privés de justice, recommencèrent leurs courses.

Les habitants du Djerdjera n'eurent pas même à combattre pour défendre leur indépendance, car l'action des armées vandales ne s'étendait pas jusque là.

Les gouverneurs Byzantins de Carthage ne portèrent guère non plus leurs armes vers ces montagnes éloignées. Quoique Salomon, si l'on en croit un souvenir conservé par Ebn-Khaldoun, ait poussé l'une de ses expéditions dans la Mina, on peut affirmer que la Kabylie resta tout à fait libre pendant cette période.

Nous ne connaissons rien des mœurs des montagnards Berbers pendant les temps anté-islamiques. Quant à leur religion, le système des Romains de rattacher à la Mythologie les dieux des peuples vaincus, rend presque impossible l'exacte détermination des divinités mauritaniennes. Cependant, les traditions Asiatiques devaient dominer chez ces peuples originaires de l'Orient.

---

(1) YANOSKI, *Histoire des Vandales en Afrique*, page 28.

Il nous est resté des traces des doctrines Mithria-
ques reconnaissables dans le bas-relief berber, que
nous avons découvert à Abizar, en pleine Kabylie.

Sous la période byzantine, les habitants de l'Oasis-
d'Ammon adoraient le dieu Gourzille, qui paraît
une réminiscence de l'Apis égyptien, et dont les ar-
chéologues ont retrouvé le culte dans la Numidie
occidentale (1). Nous savons qu'il se trouvait également des dieux topiques, sans doute d'anciens chefs
déifiés (2). Il existait à Tlemcen un dieu *Ulisva*, et
à Cherchel on voit encore un autel dressé aux dieux
Maures par un procurateur romain.

Certaines peuplades professaient aussi le Judaïsme qu'elles avaient rapporté de la Palestine.
Suivant les traditions locales, les Aïth-bou-Youcef
étaient jadis de ce nombre.

Au temps où le Christianisme devint la religion
officielle de l'empire, Rome était hors d'état d'imposer cette religion aux habitants du Djerdjera : ceux-

(1) Le musée d'Alger possède une grossière idole attribuée à ce
Dieu ou à son père, le Corniger Ammon : Ammon générateur ou
Mendès, assimilé par la mythologie grecque à Pan ou Priape, était
aussi un dieu d'origine orientale. Son nom se retrouve dans celui
des *Aïth Mendes*, tribu de la grande Kabylie.

(2) BRUGNOT : *Histoire de la destruction du Paganisme en Occident*, t. II, chap X, page 155.

ci, cependant, l'avaient déjà adopté, en haine des oppresseurs, et par esprit d'indépendance, quand les Césars la persécutaient.

Quoi qu'il en soit, à peine Constantin avait-il fait du christianisme la loi religieuse de l'État, que les indigènes embrassèrent avec ferveur le schisme fameux des Donatistes. Comme ce schisme ne dérivait pas d'une question de dogmes, mais bien de discussions personnelles, il est impossible de voir, dans l'ardeur avec laquelle les Berbers embrassèrent cette querelle, autre chose qu'une protestation en faveur de leur liberté nationale.

Quand survinrent les Vandales Ariens, la même cause qui avait jeté les indigènes dans le Donatisme, les ramena au catholicisme pur. Plus tard, lorsque Bélisaire eut, par le conquête du royaume Vandale, rétabli le catholicisme comme religion d'État, cette même cause poussa encore un grand nombre de tribus à adopter l'islamisme, apporté par de nouveaux ennemis de Byzance. Quelques-uns, pourtant, persistèrent assez longtemps dans le judaïsme (1).

(1) Il en fut de même dans le Marok, où après deux siècles encore, on voyait des tribus juives qui ne furent converties qu'à l'aide de la force par le kalife Idris Ebn Idris.

La tradition, qui chez les Kabyles tient lieu d'annales historiques, raconte que les Aïth Setka furent les premiers en Kabylie à embrasser l'islamisme, tandis que les Iraten furent les derniers à adopter la foi nouvelle.

Nous verrons plus loin l'esprit d'indépendance enflammer ces peuples pour le kharedjisme, quand il s'agira de renverser en son nom les émirs orthodoxes de Kaïrouan.

# CHAPITRE II

### Berbères - Arabes.

Si les montagnards du Djerdjera ne sont pas restés aussi complètement indépendants des diverses dynasties du Mogreb qu'on la souvent écrit, il est certain que leur liberté ne fut jamais troublée que par des invasions éphémères, qui n'altérèrent chez ces peuples ni leurs lois ni leurs mœurs. Dans les rares occasions où leurs montagnes furent envahies, où l'impôt fut payé par eux, jamais ni les vainqueurs ni les vaincus ne crurent à la perpétuité de ces actes de domination.

Cantonnés dans leurs villages fortifiés les Igaouaouen, nom générique alors des peuplades Berbères aujourd'hui nommées Kabyles (1), assistaient sans y

(1) Igaouaouen, les Zouaoua des Arabes, groupe de tribus du Djerdjera, les Azuagues des auteurs espagnols. Ce nom vient de *ag aoua*, fils d'*Aoua*, qui par une formation illogique du pluriel, commune dans l'idiome berber, devient *Igaouaouen*. Les Arabes appliquent indistinctement ce nom, dont ils ont fait *Gaouaoua*, à toutes les tribus kabyles du Djerdjera, et à celles même qui avoisinent la confédération de ce nom.

Kabyle, *Kbaïl*, du mot arabe *k'bila*, confédération, association. Cette désignation apparaît dans l'histoire au xiii° siècle, après la deuxième invasion arabe.

prendre part aux guerres qui s'élevaient entre les diverses dynasties africaines. Celles-ci d'ailleurs, ne semblent pas avoir essayé d'imposer à ces peuplades une domination durable. Satisfaites faute de mieux d'une soumission nominale, elles avaient soin de ménager l'orgueil des Kabyles de peur d'attirer sur les régions environnantes les déprédations de ces irritables montagnards.

Aussi, l'histoire nous montre-t-elle peu d'entreprises faites dans des buts d'avenir par des princes voisins. En 460 de l'hégire, l'Hammadite En-Nacer fonda Bougie (*Begaïa, Bedjaïa*) pour s'y mettre à l'abri des Arabes qui infestaient les environs de Kala sa capitale. Quelques années plus tard son fils El-Mançour, inquiet du voisinage trop proche des Gaouaoua et autres peuples ketamiens, les refoula à plusieurs lieues de distance dans toutes les directions ; il établit ensuite, en plaine sur le territoire des vaincus, les tribus Sanh'adjiennes des Talcata, des Ouriagal et des Bedjaïa.

Les Talcata, dont le principal camp était à Tiklat dans l'Oued-Sah'el jouèrent un grand rôle lors des diverses révolutions dont cette ville fut le théâtre. Longtemps ils formèrent la milice des sultans de Bougie, même après la ruine de la dynastie de leur race et lorsque Bougie était devenue l'apanage d'une branche cadette des H'afsides.

Les Sanh'adjiens existent encore près des lieux qu'ils habitaient jadis.

Un établissement du même genre fut tenté dans l'ouest par le Hafsid *El-Mostancer*. Ce prince fit venir du désert les arabes Béni-Yezid et les cantonna dans les riches plaines du Hamza au même titre que nous y verrons, au chapitre suivant, les makhzen des Turks. Cette tribu devait prêter ses services à l'état, quand il s'agissait de faire rentrer l'impôt des tribus zouaviennes et sanh'adjiennes d'alentour.

« Chaque fois que le gouvernement de Bougie se » trouvait trop faible pour entreprendre le recou- » vrement des impôts dans ce pays, les Béni-Yezid » se chargeaient de cette opération et s'en acquit- » taient très-bien. Cette conduite leur mérita de » nouvelles marques d'honneur et la cession d'une » grande partie du territoire où ils se trouvaient (1).

Plus tard deux princes Zyanites élevèrent à Tagrert, à Zeuffoun, puis à Tik'lat, enfin, à Yakouta sur la route d'Alger à Bougie, plusieurs places fortes ou camps retranchés, mais ces postes, bien qu'ils aient dû peser sur l'indépendance des tribus, étaient spécialement destinés à bloquer Bougie et furent d'ailleurs ruinés après vingt-deux années d'existence, par une armée H'afside.

(1) EBN KHALDOUN, *Histoire des Berbers.* Traduction de M. DE SLANE, p. 88, t. II.

L'effet le plus remarquable de cette tentative fut l'ouverture des routes du Sébaou et de l'Oued-Sah'el, fermées depuis l'époque romaine ; car pendant les vingt-deux années de cette guerre, ces deux vallées furent parcourues par des escortes, des convois de ravitaillements, des colonnes de secours : Elles restèrent ouvertes jusqu'aux premiers temps des Turks.

Plus tard, un sultan de Bougie plaça près des Sanh'adja, une fraction des Mar'aoua, chassés par la guerre des bords du Chelif : cet établissement fut de courte durée, la mort de son chef dispersa cette colonie, et quelques-uns de ses émigrés, restés à Bougie comme milice du sultan, finirent par s'éteindre sans postérité.

En somme les Kabyles demeurèrent indépendants jusqu'à l'arrivée des Turks. Cependant, s'ils s'obstinaient à refuser le tribut, d'autre part ils commettaient peu d'agressions.

« Depuis la fondation de Bougie, dit Ebn-Khal-
» doun, les Zouaoua sont toujours restés dans l'o-
» béissance, excepté quand on leur réclame le paie-
» ment de l'impôt, alors seulement, ils se laissent
» aller à la révolte, étant bien assurés que dans leurs
» montagnes ils n'ont rien à craindre...... »

« ...... Du haut de leurs cîmes, dit ailleurs le
» même historien en parlant des Aïth Fraouçen et

» des Iraten, ces tribus défient les forces du sultan
» et ne lui paient l'impôt qu'autant que cela leur
» convient, bien que cependant ils en reconnaissent
» l'autorité, et que leur nom soit inscrit sur les re-
» gistres de l'administration de Bougie comme sou-
» mis au *Kharadj* (capitation)...... (1) »

Pauvres et belliqueux les Zouaoua d'alors, comme ceux d'aujourd'hui, gens pratiques avant tout, rendaient volontiers toutes sortes d'hommages au souverain, pourvu que ces hommages n'allassent pas jusqu'à payer tribut.

Lorsque le vaste empire Almohade s'écroula sous son propre poids, les M'likeuch, tribu Sanh'adjienne (2) originaire des rives de l'Oued-Sah'el, s'emparèrent de la Métidja, la disputèrent avec des chances diverses aux Arabes Thalebiens, imposèrent quelquefois leurs chefs à la ville d'Alger et ne furent rejetés dans leurs anciennes limites que deux siècles après, au moment de l'arrivée des Turks.

(1) EBN KHALDOUN, ouv. cité, t. I, p. 256-257.

(2) Nous avons déjà fait observer (*Bulletin soc. asiatique*, t. XIV, p. 284), qu'il ressort du texte d'Ebn Khaldoun que tous les Kabyles de Djordjera ne sont pas d'origine ketamienne, ceux du versant nord appartiennent à cette race, ceux du sud à la race sanh' adjienne. Ainsi les Igaouaouen sont ketamiens, issus de Madris, tandis que leurs frères du sud, les M'likeuch, sont, comme les Touaregs du désert, de la race de Bernis, fils de Ber'.

De là sans doute l'antagonisme qui divisa ces populations jusqu'à nos jours.

Ce ne fut pas la première invasion arabe qui imposa aux tribus zouaviennes les doctrines islamiques. Cette invasion passa au sud de la Kabylie sans l'entamer; les expéditions d'Okfa-ben-Nafeh et de Mouça-ben-Noceïr se firent par les steppes du petit désert comme l'exigeait la nature des armées arabes, toutes composées de cavaliers. Les premières garnisons qu'établirent plus tard les envahisseurs, pour garder leur conquête s'échelonnaient principalement vers la zone Sah'rienne, à Bisk'ra, Tobna, Tehert, Tlemcen. Le seul poste arabe qui se rapprochât du Djerdjera fut Sétif. Si donc les Kabyles embrassèrent la religion musulmane, ce fut, ainsi que nous l'avons dit, en opposition au christianisme, professé par leurs anciens dominateurs.

D'ailleurs, à une époque où le catholicisme n'avait pas encore dominé complétement les diverses hérésies chrétiennes, les doctrines de Moh'ammed pouvaient bien paraître à ces peuples grossiers une forme nouvelle du christianisme.

Les Kabyles du reste ne furent jamais de fervents musulmans (1), et si par fois, ils prirent les armes pour les questions religieuses, c'est que sous ces questions se cachaient des motifs d'indépendance.

---

(1) A peine connaissent-ils les prières usuelles, les marabouts seuls et encore sont-ils d'origine arabe, possèdent quelques bribes d'instruction religieuse.

C'est ainsi que les Zouaoua prirent part à la révolte du kharedjiste, Abou-Yezid, et se ruèrent avec
les autres peuplades kétamiennes à la conquête de
Kaïrouan.

Cette tentative fut étouffée dans le sang par You-
sef-el-Mançour, néanmoins peu découragées par cet
échec, les mêmes populations embrassèrent plus tard
le parti du chiïte Obeïd Allah, chassèrent en son
nom les Emirs de la famille d'Arlab, et plus tard,
aidèrent les Fatimites, leurs successeurs, à la conquête de l'Egypte. C'est ainsi que, sous des formes
religieuses, l'esprit d'indépendance berbère protes-
tait contre l'invasion arabe.

Ce fut El-Moez qui conduisit les Kétamiens à la
conquête de l'Egypte : ceux-ci quittèrent le Mogreb,
organisés en tribu comme ils l'étaient (1), et établirent leurs demeures dans le pays conquis : ils devinrent la milice des sultans Fatimites, et furent le
principal appui d'El-Hakem-bi-Amr'Allah. Quand
ce despote essaya de créer une religion nouvelle, en
protestation des principes orthodoxes de l'islamisme.
Cette tentative amena la mort du kalife Hakem, et la
dispersion de ses sectateurs : ceux-ci se retirèrent
dans les plaines de la Syrie orientale, puis dans le
Liban, où ils sont connus sous le nom de Drouzes;

(1) EBN KHALDOUN, Histoire des Berbers, t. I, p. 273.

do nos jours, on retrouve parmi eux des familles zouaviennes d'origine (1).

Nous avons vainement cherché, dans l'histoire, des traces du système démocratique formant aujourd'hui. la base du droit kabyle. Ebn-Khaldoun, qui nous fait connaître avec tant. de détails les annales des Djema (conseils) des K'sours-Sah'riens et des villes du Tell, se tait complètement sur les gouvernements de la Kabylie. On pourrait même croire, d'après ses récits, que les tribus Zouaoua étaient encore soumises aux formes monarchiques : il est fort douteux, malgré son silence, que l'esprit démocratique, inhérent aux mœurs des montagnards, n'ait pas souvent influé sur la conduite des chefs de tribus;

La nature du pays habité par les Kabyles n'est guère propre à favoriser le développement des sciences et des arts : les montagnards sont restés ce qu'étaient leurs pères, d'intelligents mais grossiers paysans;

Néanmoins, ce pays a produit nombre de savants qui montrent à quel point la race à laquelle ils appartiennent est susceptible de civilisation.

La galerie des littérateurs de Bougie, traduite. et publiée par le savant arabisant M. Cherbonneau, cite entre autres lettrés Zouaoua : Ali ou Moh'amned des

(2) Voir notre *Étude sur les Druzes de Syrie*, 1862, p. 13.

Ithsourar, Atiet-Allah-ben-el-Mançour des Iraten, Yahia-ben-Abou-Ali, des Aïssa, le jurisconsulte Omar-ben-el-Mohsin, des Our'djan, et enfin le célèbre légiste et kadhi Ahmed-el-R'oubrini.

D'ailleurs leurs congénères Berbèrs des villes et des plaines ont montré plus encore ce que les sciences et les arts pouvaient attendre de leur race : les superbes monuments élevés à Tlemcen, à Fez, à Marok, sont des preuves matérielles de leur goût architectural; ajoutons-y les élégantes mosquées, les gracieux palais de Séville et de Cordoue élevés par les Maures d'Espagne, descendants directs des Berbers d'Afrique, et nous aurons une idée des aptitudes de cette race (1).

(1) On rapporte communément aux Arabes l'invasion de l'Espagne, il serait plus vrai de dire que c'est l'enthousiasme musulman, sans acception de race, qui fit cette conquête ; car, en réalité, les Arabes ne furent en cette occasion, que les chefs des envahisseurs ou la partie militante de l'invasion dont les Berbers formaient la masse générale. Après la conquête, les Berbers s'établirent dans les cités ou dans les plaines, tandis que les Arabes, fidèles au génie de leur race, continuaient à former la milice des émirs et se dispersèrent bientôt dans les guerres contre les Espagnols.

# CHAPITRE III.

## Les Turks

Si nous avons peu de renseignements sur l'histoire de la Kabylie avant le seizième siècle, nous devons à Léon l'Africain, à Marmol Carvajals, à Don Diego de Haëdo, des documents détaillés sur les temps qui suivirent la prise de possession d'Alger par les Turks.

On sait que deux pirates Levantins, les frères Aroudj et Kheïr-ed-Dîn, impatients de la soumission qui leur était imposée par le roi de Tunis, en échange de l'asile qu'il donnait à leurs galères, résolurent de fonder, pour leur propre compte, un établissement sur les côtes de la Berbérie.

Ils débutèrent par enlever Djidjelly aux Génois (1513). Puis, ils essayèrent ensuite de s'emparer de Bougie, et, malgré l'assistance des Kabyles des environs qui s'étaient levés en masse à leur appel, ils échouèrent complétement. Sur ces entrefaites, Selim et Teumi, cheikh des Thaleba de la Metidja et souverain d'Alger, les appela à son secours contre les Espagnols qui avaient occupé et fortifié l'îlot formant le port de cette ville. Aroudj, accueilli en ami, fit périr Selim par trahison, et s'empara d'Alger; il extermina ensuite, dans de nombreuses expéditions, les Thaleba, tribu de sa victime.

Pendant toutes ses campagnes, il eut pour alliés les Kabyles irrités au plus haut degré par l'intolérance et le fanatisme des Espagnols de Bougie. Amed-bel-Kadhi, de la famille des Bou-Kettouch, et chef de Koukou, l'aida même de ses soldats lors de la funeste expédition de Tlemcen.

Kheïr-ed-Din, frère et successeur d'Aroudj, resta longtemps en bonne intelligence avec Bel-Kadhi; mais, plus tard, sa puissance fit ombrage au chef Kabyle qui, à l'instigation du sultan de Tunis, lui déclara la guerre, battit plusieurs fois ses généraux, et après des chances diverses, le força à se rembarquer pour Djidjelly. Pendant trois ans, Amed-ben-el-Kadhi resta maître d'Alger. Enfin, le hardi corsaire, rassemblant les contingents kabyles des environs de Djidjelly, marcha sur Alger *par la vallée du Sébaou.* Amed-ben-el-Kadhi, vaincu près du territoire des Iflicen ou Mellil, fut trahi et tué par ses partisans. La guerre dura cependant deux ans encore entre le frère de Bel-Kadhi et Kheïr-ed-Din, ils conclurent enfin la paix en 1520.

Les Zouaoua restèrent néanmmoins ennemis des Turks, et quand Charles-Quint vint assiéger Alger (1541), ils se levèrent pour porter secours au monarque Espagnol, et, après sa défaite, lui fournirent des vivres.

Mus par cet esprit de contradiction et de vivacité, qui est le fond de la politique kabyle, les Beni-Abbès, puissante et riche confédération qui tire à la fois son opulence des montages et de la plaine de la Medjana, s'allièrent aux Turks ; leur chef, Abd-el-Aziz, coopéra, avec Hassen Corso, à la prise de Tlemcen, et accompagna Salah'-ed-Reïs dans le Sud, à El-Ar'ouat et aux oasis de Ouaregla et de Touggourth. De retour à Alger, le pacha, jaloux de la gloire et de la puissance acquises dans ces campagnes par son allié, résolut de le faire étrangler. Ab-el-Aziz, prévenu à temps, se sauva dans ses montagnes, d'où il pouvait défier Salah'Ed-Reis, dont il connaissait les moyens d'attaque. Sans tenir compte des rigueurs de la saison, au commencement de l'hiver 1553, le pacha d'Alger s'avança jusque devant Kala, bourgade considérable et fortifiée, capitale des Beni-Abbès, et située sur une haute montagne. Les Turks rencontrèrent une résistance opiniâtre qui se termina par leur complète défaite. Les débris de l'armée durent leur salut à la cavalerie des contingents arabes qui protégèrent leur retraite. Sur ces entrefaites, des événements, survenus dans l'ouest du Mogreb, forcèrent Salah'Ed-Reis à revenir en toute hâte. Il abandonna son commandement à deux chefs renégats qui se dirigèrent du côté de Ms'îla, point principal de la route du Sud par Bousada. Mais Abd-el-Aziz voulant achever de se venger de la perfidie de son ancien allié, se mit à leur poursuite; les ayant rejoints à l'Oued-el-Lhâm, il acheva la défaite de cette malheureuse colonne en massacrant tout ce qui était Turk.

Sous le gouvernement d'Hacen-Pacha, les expéditions contre les Beni-Abbès se succédèrent avec des chances diverses; une tentative d'alliance entre le gouvernement Turk et cette confédération échoua et n'eut guère plus de succès avec les chefs de Koukou (1).

Après Haëdo, nous ne trouvons plus de renseignements suivis sur l'histoire de la grande Kabylie : il ne nous reste guère que quelques documents épars dans les maigres annales de l'Oudjak. Quant aux renseignements kabyles, ils ne nous offrent que des légendes qui, en dépit de toute chronologie, ont rattaché à trois ou quatre grands noms tous les faits de

---

(1) C'est la localité connue autrefois dans le Levant sous le nom de Couque, et dont Zeuffoun chez les Zerfaoua était le port. On conserve encore à Marseille le souvenir des huiles kabyles dites de Couque.

guerre et de résistance, accomplis pendant les trois siècles passés. Ces personnages sont : l'Abd-El-Aziz des Béni-Abbès, Ahmed bel Kadhi de Koukou, le bey Moh'ammed ed Debbah (l'égorgeur) et le célèbre Aga Yah'ia. Mais si confus que soient ces documents, on y voit clairement que les Turks suivirent la politique de Rome vis-à-vis des pays kabyles.

Les Romains avaient revêtu un certain nombre d'indigènes du titre de citoyens, et s'en étaient faits des clients dévoués à leurs intérêts, les Osmanlis employèrent également l'élément indigène par la création des Makhzen ou colonies militaires destinées à contenir le pays, qui devaient trouver un appui dans quelques *bordj* (1), défendus par des garnisons turkes.

Dans ces positions militaires, dictées par les conditions topographiques, nous retrouvons les points stratégiques jadis nommés par les géographes Latins : les kaids Turks y jouaient le rôle des anciens *præpositi limitum*.

Voici comment furent organisés les makhzen qui furent les seuls et solides appuis de la domination turke en Algérie : chaque tribu, chaque fraction de tribu, comptait dans son sein des perturbateurs, des gens sans aveu, des coupeurs de grands chemins qui,

----

(1) *Bordj*, fortin.

incertains du lendemain, venaient demander à l'officier Osmanli, commandant le bordj, une parcelle de
terre qui, sous le feu du canon algérien, les mit à
l'abri des vengeances particulières et des poursuites
de leurs cheikhs : ils étaient les bienvenus, leur de-
mande était immédiatement accueillie. On leur donnait un ou deux zouidja de terrain (1) à cultiver,
suivant qu'ils étaient fantassins ou cavaliers, des
armes, un cheval, *dont ils remboursaient le prix sur
les récoltes.* On y attirait principalement l'élément
Arabe, vieil ennemi du Kabyle. Des Coulourlis mécontents venaient y chercher fortune; des femmes
de mauvaise vie, chassées de leurs douars, se mê-
laient à la colonie naissante, et, sous la protection
de la maison de pierre, se formait insensiblement
une petite société exclusivement dévouée au nouvel
ordre de choses. Rome, la maîtresse du monde, ne
fut pas fondée autrement.

Le kaïd du bordj nommait des cheikhs, organi-
sait des marchés. Les nouveaux propriétaires étaient
directement intéressés à la rentrée de l'impôt kabyle, puisque cette rentrée leur garantissait de ne

---

(1) La *zouidja* vaut approximativement douze hectares dans la
plaine, dans le Sah'el sept hectares et cinq dans la montagne. Ce
mot signifie littéralement paire, couple, et est pris ici dans le sens
de paire de bœufs, et par extension, terrain labourable par une paire
de bœufs. Dans la province de Constantine, on emploie souvent le
synonyme *djebda.*

payer que la contribution religieuse, la seule à laquelle ils fussent soumis. Quelques soldats Turks épousèrent des filles Kabyles. Ces liens, ceux plus puissants encore du commerce, finissaient par unir quand même un certain nombre de familles aux intérêts des nouveaux venus. Autour de cette colonie gravitaient les fractions soumises à l'impôt. Les conditions de l'obéissance étaient d'autant plus dures, que le village était plus accessible aux contingents militaires du kaïd. Les plus proches payaient davantage et fournissaient plus de *Thouïza* (1). Pour d'autres moins rapprochés, l'impôt et la thouiza étaient plus faibles; plus loin encore, le village payait l'impôt sans fournir de thouiza. Aux extrémités enfin, les tribus tout en voulant bien admettre la suzeraineté des pachas d'Alger, ne leur payaient guère que ce qu'elles voulaient payer.

Ainsi se formèrent les Zmouls, qui jouèrent dans l'Est un rôle moins brillant, mais aussi utile que

(1) A un jour désigné par le kaïd, les terrains qui dépendaient du bordj et servaient à l'entretien de la garnison, devaient être labourés par les soins et aux frais des tribus qui fournissaient les semences et un peu plus tard les moissonneurs. Cet impôt ne fut jamais une bien lourde charge pour les Kabyles, qui savaient s'y soustraire. Ces corvées, nommées *Thouïza*, furent longtemps en usage dans les tribus arabes; l'administration militaire a peu à peu supprimé ces abus, et la thouiza est aujourd'hui sévèrement défendue sous peine de révocation et d'amende.

celui des tribus Makhzen dans l'Ouest. . . . . .

. . . . . . . . . . . . . . .

Les Turks assirent leur influence en brisant, tant qu'ils le purent, les ligues les plus considérables de la Kabylie. La confédération des Oulad-Bellil fut politiquement et militairement fractionnée par la fondation des kaïdats de Bour'ni et de Sebaou. Ce dernier, plus important comme territoire et influence, sépara les Iflissen ou Mellil des Iflissen el Bah'r, voisins du littoral, ainsi que l'indique leur nom : il occupa presque toute la vallée du Sebaou, et fut soutenu par les smalas des Ameraoua. Ceux-ci composaient deux ligues considérables : Soff El Foukani — la ligue d'en-haut — et Soff El Tah'tani — la ligue d'en-bas. Au point de vue stratégique et agricole, ils étaient admirablement placés, car leurs zmalas enclavaient les terres cultivées des gens de la montagne (1).

Ces zmouls, exempts d'impôts numéraires, ne redevaient à l'État que le service militaire, et jouis-

(1) Les principales étaient celles de Moh'ammed ou Ferrat, de Moh'ammed ou ech Cheïkh et de Tala Othman, qui surveillaient les Beni Djennad. La smala d'El Kef, située au confluent de l'Oued Beni Aïd et de l'Oued Ameraoua, commandait les approches de la vallée formée par ces rivières ; elle était secondée dans son action par celles de Bou Khoudmi et de Kuci ou M'raï. Enfin une autre colonie, la smala de Bouchekran, placée dans le pays des Beni Thour, assurait la route de Taourga à Dellys.

saient de nombreux priviléges pour la nomination de leurs chefs. Ainsi, pour la colonie inférieure, les cheikhs étaient pris exclusivement dans la tribu arabe des Oulad Mahi-ed-din.

Ce ne fut pas sans une résistance opiniâtre que les Kabyles cédèrent devant les éléments variés qui composaient la tribu des Ameraoua. La tradition raconte que le bordj de Tazazraït, chez les Beni Ouaguennoun, dans la vallée de l'oued Boussoub, dont la construction signala la première tentative d'occupation des Ameraoua supérieurs, fut long-temps bloqué par les contingents montagnards. Le village de Tamda-El-Blat, centre principal de la résistance, fut sept fois pris et brûlé par les Turks, avant que ses fiers habitants ne fissent soumission.

Des fortins reliaient les colonies entre elles : le premier était dans le pays des Isseurs, le bordj Oum Menaïel (1) qui jadis avait vu passer devant ses murailles les armées romaines et vandales. Dans le deuxième siècle de l'occupation, des positions plus avancées diminuèrent l'importance militaire de ce poste, que la soumission du pays placé en arrière rendait inutile. Le bordj Sebaou, appelé quelquefois aussi bordj Taourga, du nom de la bourgade de

(1) *Vasana des Romains.*

Taourga non loin de laquelle il est placé (1), commandait la route qui, par la vallée des Ameraoua, pénètre au cœur de la Kabylie; il était le centre administratif de la contrée. Le kaïd turk y avait fixé sa résidence (2). Trois zmalas constituaient la population environnante (3). Un peu plus loin était le bordj de Tizi-Ouzou, ancien oppidum romain situé sur un col couvert de genêts ainsi que l'indique son nom, il dominait les turbulents Beni-Ouaguennoum qu'il séparait des Maatka.

Une zmala d'Abids (nègres), dont on retrouve les descendants aux mêmes lieux, assurait les relations entre ce fort et Icikhen ou Meddour, relations qui étaient souvent interceptées par les maraudeurs des Beni-Raten; à gauche était le bordj de Tazazraït, dont la garnison était toujours en lutte avec les belliqueux habitants d'Abizar, grande et principale bourgade des Beni-Djennad.

En avant, dans le haut Sebaou, était la position

(1) *Tigisis* des Romains, *Taourga* signifie en Berber *la fourmilière* et quelquefois *jaune.*

(2) Ce personnage jouissait de grandes immunités près du Divan d'Alger entre autres, il avait le droit de vie et de mort. En revanche, il fournissait de nombreux cadeaux aux fonctionnaires du palais. A la fête de l'aïd El K'bir, le khodja er Hatamji, attaché au pacha, recevait du kaïd du Sebaou un mouton d'étrenne, et à l'aïd-es-S'rir un demi mouton, plus quatre jarres de la plus pure huile d'olive.

(3) C'étaient les Zmouls d'Ali ou Dachem, Ali-mouça'Flissaoul, et El Dch'abi.

militaire de Mekla-Berouag. Celle de Djêma-t-es-
Sah'aridj, chez les Fraoucen, ne fut jamais occupée,
je crois, par une garnison permanente : l'influence
turke, sur ce point avancé, fut toujours très-faible (1). Dans les derniers temps, ils s'étaient complétement repliés sur Mekla.

Ces bordj étaient armés de canons en fer, venus
de Bougie et de Dellys. Ce fut avec des peines inouïes
qu'on put, à travers les montagnes, les amener au
moyen de rouleaux en bois jusqu'aux terrasses des
forteresses, où la plupart ne furent jamais ajustés
sur les affûts. La majorité de ceux que j'ai vus dans
ces forts était d'origine française.

C'est dans la vallée du Sébaou que se fit remarquer surtout le système des colonies militaires, em-
ployées par les Turks comme élément compresseur.
Au moyen des bordjs de Tizi-Ouzou et de Sebaou,
ils interceptaient la vallée en fermant les communications avec les marchés.

Dans une région riche et fertile, la colonie formée
par les Turks fut agricole : habitant la plaine, elle
eut des chevaux et, au bout de quelque temps, elle
constitua une excellente cavalerie qui, à la moindre

(1) Il en fut de même de Koukou chez les Aït Yah'la où les Turks
pénétrèrent en 1624, sous les ordres de Khosroft-pacha. Dans la pré-
cipitation de la retraite, ils abandonnèrent deux pièces de canon
qui gisent encore aujourd'hui devant la jolie et curieuse mosquée de
ce village

velléité d'insurrection de la part des tribus kabyles,
s'élançait dans le pays, ravageait les récoltes, brûlait
les gourbis et enlevait les troupeaux. Les fractions
de la montagne possédaient de belles cultures dans
les terres fertiles de la vallée; cette récolte les mettait
à la merci du kaïd du bordj qui en abusait à loisir
en vrai Turk qu'il était. Ce fonctionnaire utilisant les
rivalités, favorisant les ambitions, excitant les villages à faire parler la poudre, envoyait selon ses intérêts ou ses caprices, raser telle ou telle fraction. Ses
cavaliers ne payaient pas d'impôt et avaient droit à
la razzia, ce qui ne contribua pas peu à la puissance
des Zmouls Ameraoua. Plus ceux-ci étaient en état
de guerroyer, plus ils étaient favorisés du chef turk,
et plus ils gagnaient d'argent et d'importance.

De Kef El-Ogab à Mekla, de Tizi-Ouzou aux Isseurs, les cavaliers Ameraoua faisaient la loi ; parfois même on les vit se risquer dans les montagnes,
brûler un village, enlever un troupeau. C'est ainsi
qu'ils ruinèrent plusieurs fois la bourgade de Tiko-
baïn (1). L'action oppressive de cette colonie sur les
Kabyles était incessante, car chaque cavalier avait
naturellement ses haines et ses préférences.

De temps à autre, les Kabyles s'insurgeaient bien
un peu, lorsqu'arrivait quelque contingent d'un soff

_____

(1) Chez les Oulad-Aïssa ou Mimoum, fraction considérable des
Beni-Ouaguennoun.

montagnard ; mais, grâce à l'organisation turke et aux dissensions Berbères, tout se bornait à des assassinats ou à l'incendie d'un village appartenant à un soff soumis.

En résumé, c'était le type du système turk : cruauté, exaction.

On comprendra facilement que, par ces moyens l'influence morale des conquérants ait été nulle dans le haut pays, et qu'ils n'aient pas su se créer de partisans autres que les intéressés, habitant des territoires soumis directement à une force militaire.

L'ensemble de la ligue des Flissa, partagé, comme nous l'avons dit, par la fondation du kaïdat de Sebaou, fut ensuite séparé du grand cheikhat héréditaire des Oulad Bellil, leur tige première, par le kaïdat de Bourn'l. C'était un grand résultat obtenu, puisque le massif confédéré se trouvait rompu et brisé sur trois points, par des positions militaires et territoriales, secondant l'action politique des Turks.

Il fallait que les rivalités intestines des groupes, composant cette confédération, eussent été habilement exploitées et entretenues pour que, malgré les révoltes et les luttes, état normal du pays, cette situation pût se maintenir dans ces résultats jusqu' notre époque.

7.

Les Osmanlis élevèrent un fort près de la rivière de Bour'ni, sur l'emplacement de la citadelle d'*Isatha*, construite par les Romains pour dominer la vallée du bas Isseur. On y plaça une garnison de quelques seffras turques et coulour'lis. Les Zmouls des Abids (1), habitant auprès du Bordj, coupaient les relations des Flissa avec la confédération importante des Guechtoula et les tribus de leur soff, tandis qu'au nord, ils isolaient les Maatka du groupe considérable des Beni-Raten qui domine la vallée du Sébaou. En outre, ils soutenaient le kaïd dans sa surveillance sur les marchés des Beni-Smaïl, fraction des Guechtoula et sur celui du khemis (Jeudi) des Maatka, et contraignaient les habitants de la plaine à fréquenter et alimenter le marché d'El-Hâd (dimanche), installé sous le fort même.

Deux colonies furent fondées dans la région de Ben-Henni, celle de Chaabet El H'emmour, celle des Harchaoua ; c'étaient deux zmalas : la première se trouvait à la disposition du kaïd de Bour'ni, elle

---

(1) Le nom d'*Abids* (esclaves), qui se trouve fréquemment dans les colonies de ce genre, lui avait été donné en mémoire de son origine. « La première colonie formée sur ce point s'appelait *Abid-Aïn-ez-Zaouia*, les noirs de la fontaine de la chapelle. Les premiers colons d'Aïn-ez-Zaouia avaient été des nègres affranchis. » CARETTE : *Études sur la Kabylie proprement dite*, t. II, p. 266. AUCAPITAINE, *les Colonies noires de la Kabylie* (*Revue africaine*, t. IV, p. 73-77). Aujourd'hui, après bien des luttes et des déchirements, la petite tribu des Abids existe encore, isolée au milieu des tribus berbères.

isolait et soutenait les Beni Khalfoun et les Nezlioua, qu'elle forçait à marcher au besoin, et protégeait la route d'Alger au bordj de Bouîra. Cette dernière position correspondant avec le bordj Medjana, assurait les communications avec Constantine, et surveillait le grand marché extérieur des Oulad Bellil, l'un des plus importants de l'Algérie.

Le bordj de Bouîra (petit puits) est également connu sous le nom de Fort de H'amza, de la plaine qu'il commandait. En 1785, le célèbre botaniste Desfontaine passa par ce point : il y résidait alors une garnison turke de 40 hommes, et ce voyageur trace un tableau peu brillant de la position des Turks, vis-à-vis des Kabyles qui ne cessaient de les molester.

La tribu des Nezlioua était Makhzen, c'est-à-dire qu'elle fournissait un certain nombre de cavaliers en temps de guerre; aussi de même que les Zmouls de Chaab El H'emmour, elle jouissait de quelques priviléges militaires. Le pacha d'Alger lui accordait une grande indépendance administrative. La seconde colonie, celle des Harchoua, fixés à Ben H'aroun, se trouvait dans les mêmes conditions que la première. Elle fut dispersée au moment de l'arrivée des Français dans la régence.

Les cantons de Chaab El H'emmour et des Harchaoua, limitrophes des territoires des Beni-Djaad,

des Khachena et des Isseurs, étaient les intermédiaires de ces tribus avec le pouvoir souvent éphé-
mère du kaïd de Bour'ni, dont ils assuraient la ligne
de retraite. En même temps ils protégeaient des
fractions de tribus qui faisaient un continuel et actif
commerce avec le marché d'Alger ; tels étaient les
Nezlioua, les Beni Khalfoun.

Les Pachas, cherchant à en imposer aux Kabyles,
ordonnèrent aux khalifats des beys de Constantine
qui venaient chaque année apporter la contribution
(*Denouch*) à Alger, de passer avec leur suite au bordj
Bour'ni ; ils espéraient que l'appareil militaire, le
faste déployé dans ce voyage, inspireraient aux Kabyles une haute idée de la puissance turke et de sa-
lutaires réflexions de respect. Mais un beau jour
que le Kaïd (1) était en tournée dans la plaine, les
Kabyles descendirent de leurs montagnes, massacrèrent la garnison et démolirent la forteresse, qui
ne fut rétablie que longtemps après, à l'endroit où
nous en voyons encore les murailles. A l'annonce de
cette nouvelle, les beys de l'Est s'empressèrent, en
gens prudents, de renoncer à cette voie devenue
périlleuse pour prendre celle de l'Oued Kedra et de
Ben Henni.

(1) La légende attribue ce fait à Mohammed-Bey-Ed-Debbah ;
mais cette assertion n'a rien de fondé, car les Kabyles rapportent à
ce terrible Turk presque tous les actes militaires de la domination
ottomane sans tenir le moindre compte des lieux et des dates.

Ce ne fut qu'au temps de Iah'ia Agha que le bordj fut reconstruit. Une nouvelle troupe turke vint y tenir garnison permanente. Au bout de quelques années, soit trahison, soit inertie des chefs, cette seconde tentative eut le sort de la première. Le gouvernement turk ne se découragea pas à ce qu'il semble, car, en 1830, trois Seffra occupaient encore une nouvelle citadelle.

A l'annonce de l'entrée des Français à Alger et de la chute du gouvernement algérien, le kaïd et la garnison furent exterminés.

Ces alternatives de désastres et de dominations prouvent suffisamment que si, dans une première phase, le gouvernement turk avait obtenu de grands résultats politiques et matériels, il ne put, dans les périodes suivantes, gagner le moindre terrain, et, qui plus est, se maintenir sur les points qu'il avait fait occuper. Ainsi, lors même que le kaïd de Bour'ni était à son poste, son autorité était au moins contestée sinon méconnue. Les Guechtoula dont il devait faire rentrer l'impôt, très-faible du reste (1), ne manquaient pas de protester à l'occasion de cette ren-

(1) Il se réduisait à quatre *mouzouna*. La mouzouna représentait à peu près six de nos anciens liards de France (25 centimes environ) par an, pour tous les propriétaires qui disposaient de six charrues et au-dessus. Cet impôt n'était donc absolument rien, relativement à ceux auxquels étaient soumises les populations arabes placées sous les ordres directs des Turks.

trée. Le kaïd avait pour meilleur moyen de perception de s'emparer des cheikhs de la tribu lorsqu'ils se
rendaient sur les marchés extérieurs, et de les garder en otages jusqu'à l'acquittement de l'impôt, devenu double alors de ce qu'il devait être d'abord.
Les contribuables renouvelaient de plus belle leurs
réclamations, qui se terminaient souvent par un as-
saut contre le bordj, ou un blocus de quelques jours.
La garnison faisait une sortie : on se tuait quelques
hommes, puis il y avait *aman* (trève), et chacun em-
portait ses morts jusqu'à la première occasion qui ne
se faisait pas attendre.

Le cheikh des Guechtoula jouissait, en raison de
ces difficultés, de grands priviléges : lorsqu'il voulait
bien revêtir le burnous d'investiture, le pacha lui faisait de riches cadeaux (1). Les Kabyles ont person-
nifié toutes les tentatives de révoltes des chefs guechtoula dans le fabuleux personnage du cheikh Gas-
sem, type fantastique, aux richesses plus fantastiques
encore, accepté par l'esprit naïf des Berbers, et dont
M. l'interprète militaire Guin a spirituellement ra-
conté la très-pittoresque légende.

(1) Les cadeaux se composaient d'un drapeau, une paire de bot-
tes, un cheval et son harnachement, un turban, des éperons et des
molletières. Sous le gouvernement d'Ali-Pacha ces cadeaux furent
augmentés. En revanche, le cheikh investi payait un bechmak de
2,200 réaux (1,320 fr.) en étrennes à la garnison.

Voyez le *Tachrifat*, traduit par M. de VOULX, p. 38.

Les Flissa ou Mellil isolés par l'habileté turke au centre des kaïdats de Sebaou et de Bourn'i, des tribus des Isseurs et de Ben Henni, se trouvaient dans une position analogue. On n'en put jamais tirer d'impôts réguliers. Cette tribu, qui fourmille de voleurs et de coupeurs de route, était presque constamment en hostilité avec les kaïds du gouvernement d'Alger. Ce n'était qu'en leur fermant les marchés des Ameraoua qu'on pouvait, à grand peine, en tirer quelque argent : presque tous les chefs algériens des bordj du Sebaou et de Menaiël firent des expéditions contre les Flissa sans pouvoir les réduire.

Vers 1560 fut fondé le bordj de Souika, armé de dix canons, qui commande la plaine de la Medjana et d'importants marchés. Le kaïd de ce poste devait surveiller le cheikhat héréditaire des Oulad Mokrân dont Alger s'était réservé l'investiture. Ce poste assurait en même temps les communications par la route de Constantine; il avait pour accessoire obligé de son importance militaire, la colonie de Zammôra, composée en grande partie de coulour'lis priviligiés (1) Comme tous les établissements du même genre, le fort fut maintes et maintes fois pris et repris. L'autorité turke finit par avoir le dessus :

(1) Entre autres priviléges, l'agha de la garnison de Zammôra touchait 25 réals d'étrennes du krasnadji du pacha.

(*Tachrifat*, DE VOULX.)

grâce au concours des éléments mélangés de la colonie de Zammôra et à la présence annuelle des Makhzen du bey de Constantine qui venaient faire rentrer ou plutôt arracher l'impôt à la fraction des Beni Abd el Djebbar, démembrés par la politique turke de la confédération toute féodale alors des Beni Abbès.

Du côté de Bougie, ville dominée par les montagnes berbères, le gouvernement d'Alger ne put réussir à fonder des colonies Zmouls aussi sérieuses que dans l'ouest. Néanmoins, le passage annuel des expéditions turkes qui se rendaient de Constantine à Bougie, avaient forcé les tribus environnantes à reconnaître au moins la suzeraineté des pachas, et même à payer certains impôts.

Tous les ans, une petite colonne composée de vingt *kheba* (tentes de dix soldats turks ou volontaires) représentant environ trois cent quarante hommes et quelques centaines de cavaliers auxiliaires, quittait le camp du bey ou de son khalifat, établi à Sidi M'barek pour se rendre dans l'Oued Sah'el. Aidés de l'influence traditionnelle exercée sur le pays par quelques familles puissantes, les Turks parvenaient, comme nous l'avons dit, à retirer certains impôts fort minimes sur ce petit nombre de tribus de la vallée. Ce qui prouve d'ailleurs que les Turks avaient désespéré d'imposer dans ces cantons, un gouvernement immédiat, c'est que la majeure partie du cercle de Bougie, les M'zaïa exceptés, relevaient du bey de Constantine.

Les Turks se servirent habilement aussi de la nécessité où se trouve une partie des montagnards, d'émigrer au dehors pour demander au travail des ressources que le sol natal ne peut leur donner. Tous les ans, en effet, au moment de la récolte, les prolétaires kabyles vont s'engager dans les campagnes comme faucheurs, moissonneurs, laboureurs, ou dans les cités comme domestiques, portefaix, commissionnaires (1). Après avoir amassé un pécule, ils rentrent se fixer dans leur pays. Par la menace d'empêcher ces émigrations et d'affamer ainsi la Kabylie, ils arrachèrent plusieurs fois aux montagnards des

(1) Cette émigration était considérable et excitait parfois les craintes des Turks. C'est ainsi que Hacen Pacha fut déposé par les Janissaires pour avoir permis l'entrée d'Alger aux Kabyles de Koukou, c'est-à-dire aux Zouaoua. Les turbulents et ambitieux soldats de l'Oudjak, avaient affirmé au sultan de Constantinople, que le Pacha voulait se rendre indépendant avec l'aide de ces étrangers dont ils avaient eu souvent lieu d'apprécier à leurs dépens, le courage et la sauvage énergie. Le consul Américain Schaler raconte que, quarante années avant la chute du Dey, les Consuls Européens, durent réclamer auprès du Pacha régnant, pour obtenir l'entrée de la ville aux Kabyles qu'ils employaient comme serviteurs. (*Esquisse de l'état d'Alger*, p. 217.) Ces Kabyles avaient dans les villes un représentant ou chef *Amin*, qui relevait du cheikh El-Belad; il y avait également un Amin kabyle, spécialement attaché au marché des huiles à Alger. Ces fonctionnaires payaient des redevances très-fortes aux gouverneurs des cités, et leurs administrés leur redevaient également certains droits assez élevés en échange de la protection officielle.

actes de soumission et même des impôts. Quand une tribu se révoltait ou commettait trop de désordres, le pacha faisait immédiatement saisir les zouaoua employés dans les villes et ne tardait pas à obtenir ainsi réparation.

L'effectif des garnisons turkes régulièresou permanentes, occupant les bordj placés sur les confins du pays kabyle, était très-faible, et nous ferons remarquer que ces forces avaient encore été diminuées dans les dernières années du gouvernement des pachas,

Bordj de Sebaou, 4 seffra
— Bour'ni, 3 id.
— Bouîra, 3 id.
Sour er Rozlan (Aumale), 3 id.
Zammôra, — 3 id.

Total, 16 seffra, c'est-à-dire trois cent quatre-vingt-huit hommes seulement, puisque la seffra était de vingt-trois janissaires. Ces hommes étaient artilleurs, et comme tous les Osmanlis excellents soldats.

Quelques auteurs ont avancé à tort que les Turks avaient à leur solde un corps auxiliaire kabyle portant le nom de zouaoua. Il existait, en effet, une troupe d'infanterie de ce nom, mais elle était exclusivement composée d'éléments arabes. Les zouaoua étaient simplement des irréguliers fournis par des tribus des environs d'Alger. Ces fantassins, inscrits sur les contrôles du beylik (gouvernement) étaient exempts d'impôts; ils restaient habituellement chez eux et n'étaient requis qu'au moment des expéditions. Ils étaient divisés en quatre compagnies (1), commandées chacune par un agha turk. Bien qu'il existât très-peu de Kabyles parmi eux, peut-être l'origine de leur nom provenait-elle d'un fait analogue à celui auquel le corps si justement illustre de nos soldats zouaves doit sa formation. Quoi qu'il en soit, dans les derniers temps, le mot zouaoua était regardé par les Arabes cavaliers comme un synonyme de fantassin.

Ce qui constitua le véritable lien politique et un des plus efficaces moyens de surveillance des Turks sur les Kabyles, ce fut l'établissement des marchés soumis à leur autorité directe, et la suppression de ceux qui se trouvaient dans l'intérieur de certaines tribus. Or, les marchés jouent un grand rôle en Kabylie, comme dans tous les pays où les hommes n'ont guère d'autres moyens de communiquer entre eux que la fréquentation réciproque. C'est là que se prennent les décisions, qu'on se consulte, qu'on juge, et souvent les prises d'armes ont suivi tel ou

---

(1) Ces quatre compagnies avaient pour noms : *Arabadj, Derradj, Sid'Abd El Kader* et *Zouaoui*. La solde de ces fantassins était de dix mahboub par mois.

tel marché, les fanatiques viennent y prêcher, et un Kabyle fera quatre ou cinq lieues plutôt que de manquer au marché où il ne vendra ni n'achètera quoi que ce soit. On conçoit l'importance politique de ces réunions, et tout le parti qu'une habile administration pouvait en tirer. C'est ainsi que le kaïd de Sebaou, Ali Khodja, fonda celui qui porte son nom (le sebt ou samedi d'Ali Khodja) au confluent de l'Oued el K'lâb et de l'Oued Ameraoua. Créé d'abord dans un but d'approvisionnement et d'échanges pour les colonies Zmouls, il fut la source d'un grand revenu pour le budget, par la perception du *meks* (1). Lors de la création de ce marché, le kaïd de Sebaou fit supprimer celui d'Aïn el Arba chez les Beni Thour, qui était un perpétuel foyer de troubles et d'intrigues, et entretenait les idées d'insubordination des Beni Ouaguennoun. Ces derniers, contraints alors de fréquenter le sebt d'Ali Khodja, se trouvèrent sous l'action plus immédiate de l'autorité. Toutes les tribus de cette région de la Kabylie vinrent apporter ou échanger des denrées sur ce marché, qui acquit rapidement une grande importance.

Ces réunions, avons-nous dit, ont la plus grande

---

(1) Sorte de droit de tant pour cent, sur les marchandises apportées au marché; il constituait une des plus grandes sources de revenus des kaïds turks en pays soumis, et il était naturellement pour eux le prétexte de nombreuses exactions.

influence sur la politique kabyle, car c'est là que se débattent les intérêts et se décident les prises d'armes. C'est pour cette raison que les Turks interdirent aux tribus soumises la fréquentation de certains marchés du haut pays, dangereux exemples d'indépendance pour des raïas.

Réciproquement la plupart des marchés des cantons soumis étaient sévèrement interdits aux nombreux Kabyles qui, chaque printemps, descendent de leurs montagnes pour écouler le produit de leur industrie dans les plats pays.

Des faits analogues eurent lieu dans l'est, le marché des M'zaïa jouait, dans la banlieue de Bougie, le même rôle que celui d'Ali Khodja aux environs de Tizi Ouzou.

Chaque année, des colonnes destinées à assurer la rentrée des impôts dans les Outhan (circonscription administrative) de l'est et de Tittery, parcouraient le pays. Elles passaient au pont de Ben-Henni, faisaient quelques démonstrations de leurs forces sur les frontières des pays insoumis en brûlant les villages qui se trouvaient à leur portée. Elles ramenaient des prisonniers qui étaient envoyés casser des pierres hors Bab-el-Oued et les têtes des Kabyles tués décoraient Bab-Azoun (1). Il arrivait parfois pour ne pas dire souvent, que, n'ayant pu atteindre

_____

(1) Portes ouest et est d'Alger.

l'ennemi, et désirant cependant apporter des témoignages matériels de son zèle au Pacha, l'agha commandant la colonne, faisait saisir quelques pauvres
hères, qui avaient le malheur de se trouver sur la
route, leur faisait couper la tête, et rapportait à Alger ces brillants trophées.

Le tableau que nous venons de tracer est celui de
la domination turke dans toute sa force. Mais bien
avant qu'il ne fût question de la conquête d'Alger
par les Français, le système de cruauté et d'exaction des Osmanlis avait ruiné les résultats de leurs
premiers succès. Les Kabyles, qui n'avaient pas de
propriété dans les plaines, redevinrent complètement indépendants.

Voici une anecdote historique, qui prouve quel
dédain les Djêma Kabyles professaient alors pour
les Turks : En 1790, le dey Moh'ammed-Pacha,
ayant à se plaindre d'un cheikh des environs de
Bougie, l'imposa d'une amende de trente boudjoux
(cinquante-quatre francs) : le cheikh refusa d'acquitter cette somme : il s'entêta sans alléguer aucun motif plausible. Les sommations se succédèrent
vainement. Le Pacha s'obstina de son côté et envoya
contre le cheikh une colonne de douze cents hommes
qui, sous le commandement d'un bey du Titteri,
furent complétement massacrés. Une autre colonne
de quatre cents soldats Turks et Makhzen eut le même

sort, un troisième envoi de troupes, supérieur en nombre, périt également. Sans l'intervention offi-cieuse du bey de Constantine et de quelques mara-bouts vénérés, toutes les troupes d'Alger y seraient passées et sans plus de résultats. L'affaire s'arran-gea à l'amiable, mais bien entendu que les trente boudjoux ne furent jamais payés.

Les tribus soumises étaient l'objet de vexations continuelles de la part des villages indépendants. M. le général Daumas, auquel on doit un tableau aussi vrai que pittoresque des mœurs et de la so-ciété kabyle, raconte qu'il n'était sorte d'avanie dont on ne les abreuvât. « La plus commune consistait à s'emparer de quelqu'un des leurs. On l'affublait d'un habillement complet de vieille femme : on lui faisait un collier avec les intestins d'un animal et on le promenait ainsi dans les marchés au milieu des huées universelles. »

On doit comprendre qu'avec le système despoti-que des Turks, la lutte fut continuelle entre les op-presseurs et les indigènes.

Les annales algériennes, si fécondes en récits de hauts faits maritimes et de pirateries, se taisent en-tièrement sur les nombreuses défaites qui furent in-fligées aux Osmanlis par les Zouaoua. C'est à ces belliqueux montagnards qu'il faut aller demander les orgueilleux souvenirs de leurs victoires. C'est par eux que nous avons appris les succès du bey Moh'ammed dans la vallée de Bour'ni, ses désastreuses tentatives, sa défaite et sa mort au pied des montagnes des Beni-Raten ; les revers de plusieurs autres chefs turks, Moh'ammed et Omar, chez les Fliça, et dans la vallée de l'Oued-Djêma, l'insuccès de Yah'ia-Agha chez les Beni-Djennad et dans la montagne d'Akfadou.

Les gouverneurs Osmanlis furent en général cupides et cruels : il y eut néanmoins des exceptions, et la tradition reconnaissante a su distinguer entre le bey Moh'ammed l'égorgeur et Yah'ia-Agha le juste. Ce dernier, chef habile, administrateur intelligent, essaya de se concilier les Kabyles par des bienfaits. C'est ainsi qu'il fit construire à ses frais l'élégant minaret de la mosquée du Djêma-t-es-Sah'aridj dans le but de s'attacher les gens des Beni-Fraoucen. De l'autre côté du Sebaou, il éleva pour les Marabouts des Oulad ou Maleuk la superbe Zaouia de Tifrit, dédiée à Sid'-Ali-Cheheboun, personnage vénéré du pays : il espérait, grâce à l'Anaya respecté des marabouts ouvrir la route directe de Bougie par le Sebaou, route depuis longtemps fermée aux Turks (1).

_____

(1) Marmol nous apprend que peu de temps après leur établissement dans le Mogreb, une colonne Turke, partie de Djêma-t-es Sah'aridj, traversa les forêts du Djebel-es-zân et arriva à Bougie. C'était la première et dernière fois ; cette route ouverte du temps des Arabes, se referma immédiatement ; les tribus se soulevèrent

Ce ne fut qu'à grand'peine et au prix d'énormes sacrifices d'argent et d'hommes, que les Turks obtinrent une suzeraineté plus morale que matérielle sur les tribus kabyles, limitrophes des Kaïdats. Turks « au demeurant, comme l'écrivait M. le général Daumas, les Kabyles disaient volontiers la prière pour » le sultan de Constantinople, mais on n'en tirait pas » d'autre tribut. »

L'organisation militaire turke était remarquable à beaucoup d'égards, en ce qu'elle indiquait une appréciation éclairée du pays à soumettre. Malheureusement l'exécution fit souvent défaut au système : il est probable que si les chefs Osmanlis eussent déployé à la fois plus d'énergie et de prudence, ils auraient obtenu, avec moins de sang et de cruautés,

derrière les Turks. — Le prestige de l'inconnu, la supériorité d'armes à feu, encore nouvelle, des promesses peut-être avaient facilité leur marche.

Cependant nous voyons un bey de Constantine, Kara Moustapha, qui venait de recevoir l'investiture du pacha d'Alger, traverser le pays des Zouaoua, pour se rendre dans le Ferdjioua (1818) ; ce fait, que nous empruntons à l'histoire des beys de Constantine de notre ami, M. Vayssette, ne peut guère prouver en faveur de la domination Turk, car ce voyage peut s'effectuer, comme depuis celui de l'émir Abd El Kader, à l'aide d'anaya religieux et de considérations personnelles.

D'ailleurs il résulte des renseignements traditionnels que nous avons recueillis à la Zaouïa de Tifrit que fréquemment des Turks isolés se rendaient à Bougie avec leurs familles, mais ils étaient sans armes et devaient préalablement solliciter, par quelques cadeaux, l'anaya des marabouts de Tifrit.

de meilleurs résultats ; tandis qu'ils n'aboutirent, par leurs exactions et leurs perfidies, qu'à justifier ce dicton arabe : « Quand un Turk passe dans un » pays, la terre devient stérile pendant cent ans. » Nous avons vérifié la justesse de ce proverbe, dans d'autres régions également soumises au gouvernement Ottoman. En Kabylie ces mots étaient d'autant plus vrais, que les trois cantons les plus pauvres, et cependant les plus fertiles, les mieux situés, étaient ceux soumis au régime turk.

On doit reconnaître, dans la domination turke, trois périodes distinctes, et on les retrouverait également caractérisées dans l'histoire générale de la Régence : la première, celle des grandes expéditions militaires dont les résultats furent nuls comme politique territoriale et administrative. La seconde, conquête progressive par assimilation : à cette ère nouvelle se rattachent les colonies militaires qui furent le plus puissant moyen d'action des Turcs et qui eut pour résultats l'occupation des vallées. La troisième fut une période décroissante; les Pachas semblent renoncer à la conquête du pays, se bornant à en occuper les issues. Dans les dernières années de leur gouvernement, les Turks avaient dû se retirer derrière les lignes de leurs bordj souvent menacés.

A la suite des révolutions amenées dans l'Oudjak d'Alger par l'invasion des Français, les Kabyles massacrèrent les Turks : tous les forts furent démantelés ou ruinés. Il y a auprès du bordj Sebaou un puits profond dans lequel on aperçoit encore aujourd'hui les crânes blanchis des soldats de la garnison, qui y avaient été précipités. Les Amer'aoua furent en butte aux attaques des Beni-Ouaguennoun, des Beni-Djennad et des Raten, mais ils durent à leur force militaire et à leurs nombreuses alliances dans ces tribus ennemies, de maintenir leur agglomération. Du reste tout ce qui avait été à n'importe quel titre allié ou vassal des Turks, eut à rendre compte de la part qu'il avait prise aux spoliations et aux cruautés du gouvernement d'Alger. On sait la guerre acharnée qu'eurent à soutenir, pendant sept années, les Aribs, zélés serviteurs des Turks contre les Arabes du beylik de Titteri et ses alliés kabyles, guerre devenue fameuse dans les récits arabes, par la journée d'Er' Rich, bataille qui eut pour théâtre la forêt des Oulad Aziz.

Nous avons déjà vu que la politique turke, si habile dans l'ouest, n'eut pas les mêmes succès dans la région de l'est. Plusieurs fois les Kabyles allèrent jusqu'à faire irruption dans le pays arabe. C'est ainsi qu'en 1804 une insurrection formidable, à laquelle une influence européenne ne fut pas étrangère, mit le bey de Constantine à deux doigts de sa perte. Le marokain Bel Arch Moh'ammed, plus connu dans l'histoire sous le nom du forban de Djidjelly, souleva les Zouaoua du Djerdjera, entreprit de chasser les Turks et marcha à la tête de 80,000 hommes sur Constantine, où il entretenait des relations suivies avec les Khouân ou membres des sociétés secrètes' religieuses. L'entreprise ne réussit pas et n'eut même que peu de retentissement dans les provinces de l'ouest.

Deux ans plus tard, Bel-Arch, à la tête de nombreux contingents Kabyles, infligeait aux Turks commandés par Osman-Bey, une épouvantable défaite dans la vallée de Zhour, où presque tout ce qui était Ottoman périt misérablement : le chérif vint, mais inutilement, attaquer Bougie.

Les Turks finirent même par être bloqués dans Bougie, car en 1826, l'aga Yah'ia, après avoir réprimé une insurrection des M'zaïa, dut faire construire une muraille pour mettre la ville à l'abri des incursions des Kabyles.

On comprend que le bey devait tirer fort peu d'impôts de ces montagnards. Ceux-ci racontent orgueilleusement jusqu'à quel point ils bravaient son autorité : lorsque le khalifat du bey de Constantine, escorté de ses soldats et de nombreux auxiliaires arabes, passait au pied des montagnes kabyles (à Tabouda), les Kabyles, du haut de leurs montagnes, lui jetaient un chien garrotté, en lui criant : « Voilà pour la Dîffa !.. (*Dîffa*, repas d'honneur offert aux hôtes).

Avant de terminer cet aperçu, nous ferons remarquer que l'extension prise par les armements maritimes des Turks, leurs nombreux et lucratifs succès dans la Méditerranée durent concentrer de ce côté toute l'attention et les forces du gouvernement. Devenus pendant un moment la terreur de la Chrétienté, presque maîtres de la mer, ils se contentèrent à l'intérieur d'une domination assurée sur les tribus arabes. Ils se bornèrent dans la région kabyle à l'occupation des vallées qui leur assuraient une ligne frontière sur le pays ennemi, et très-avantageuse comme compression et surveillance.

Au point de vue de leur politique, l'occupation de la Kabylie n'eût jamais été qu'un embarras d'aucun rapport ; c'est ce qui peut expliquer comment les successeurs de Kheir-Ed-Dîn, si puissants sur la mer, laissèrent subsister, à quarante lieues d'Alger, les belliqueux et indépendants débris de la nationalité Berbère.

Un fait sur lequel nous ne saurions trop insister, et qui répond aux allégations de ceux qui avancent que les Turks, nos prédécesseurs, contenaient le pays avec une poignée de soldats, c'est l'impuissance où se trouvaient les Pachas d'agir sur les tribus placées en dehors du petit cercle d'action des garnisons, et l'état d'anarchie dans lequel vivaient les

Arabes écrasés par de lourds impôts, que les Kaïds Makhezen augmentaient encore de leurs concussions incessantes. En dehors des villes et des plaines (encore n'étaient-elles pas toujours sûres) l'action réelle des Turks était très-restreinte et au moins précaire, surtout pour les populations éloignées qui ne payaient l'impôt qu'au moment où leurs besoins les contraignaient à fréquenter la région du commandement. On comprendra facilement que si leur domination était fort incertaine au-delà d'un certain rayon, ils durent renoncer à asservir un pays tel que la Kabylie.

Pendant la période turke, le gouvernement intérieur des tribus Kabyles demeura ce qu'il avait été auparavant, c'est-à-dire démocratique. Les historiens européens nous ont parlé des rois de Koukou et de Labbez, princes souverains qui régnaient sur le pays : ils ne pouvaient, en effet, reconnaître dans ces princes des chefs électifs que l'influence de leurs richesses et les nécessités de la guerre rendirent accidentellement héréditaires. D'ailleurs, chez tous les peuples, quelque puisse être leur civilisation, des institutions libres ne peuvent fonctionner ou se développer qu'avec la paix. Rien d'extraordinaire donc, si, dans les grandes luttes de cette époque, les cheikhs, chargés d'exécuter les décisions des Djêma, s'emparèrent assez souvent de l'autorité souveraine et purent parfois même la rendre momentanément héréditaire dans leur famille. Aussi, quand la décadence des Turks donna la paix extérieure aux Kabyles, ne voyons-nous plus dans l'histoire, ni les rois de Koukou, ni les sultans des Beni-Abbès.

Les nombreuses traditions indigènes, que nous avons recueillies, ne laissent aucun doute à cet égard.

# CHAPITRE IV

## Insurrection de la grande Kabylie.
## (1850-1854)

### LE CHERIF BOU-BAR'LA.

### I

En 1850, on vit un jour s'établir sur l'important marché du dimanche des Oulad-Dris, à Aumale, un Arabe jeune encore, et vêtu des guenilles classiques des Derkaoui (1); une écritoire était passée dans sa ceinture et un chapelet à gros grains entourait son cou ; il planta une misérable tente, s'accroupit sur un tapis en loques en psalmodiant la profession de foi musulmane.

La béatitude profonde de ce saint homme ne tarda pas à attirer autour de lui quelques badauds, quelques bandits heureux d'expier leurs crimes par l'achat de mystérieuses amulettes, talismans efficaces

(1) Corporation de fanatiques qui, pour indiquer leur renoncement aux biens terrestres, ne portent que des vêtements en lambeaux. Derkaoui vient du nom de la ville de Derka en Marok.

pour obtenir le pardon de leurs méfaits. Sa réputation s'accrut de dimanche en dimanche, et le sexe faible toujours avide de superstitions, ne tarda pas à lui composer une clientèle nombreuse. Ce digne personnage joignait à une foule de remèdes contre les maux de cette vie la spécialité de rendre fécondes les épouses stériles, talent fort recherché dans une société où la femme sans enfants est méprisée de tous. Sa tente fut bientôt assaillie par les bédouines des tribus voisines.

Il arriva qu'un certain dimanche, un mari trop jaloux eut la malencontreuse idée de regarder sous la toile. Que vit-il ?.... On ne le sait, le fait est que l'époux indiscret se releva furieux, voulant massacrer le dérouiche et courut se plaindre à l'autorité française, qui fit arrêter cet effréné propagateur de l'espèce humaine (1).

D'où venait cet inconnu ? on l'ignorait. C'était un de ces vagabonds comme il en pullule en pays Arabe, il demeura quelque temps en prison à Aumale. Puis on le relâcha, et il recommença à courir sus à la bourse des vrais croyants.

Selon les uns cet homme aurait été renvoyé d'un escadron de Spahis; selon les autres il venait de passer quelques années à Toulon ou aux îles Sainte-

(1) Anecdote empruntée au capitaine Devaux, ex-chef du bureau arabe des Beni Mansoûr.

Marguerite, après avoir été compromis dans un guet-apens décoré du nom pompeux d'affaire politique,

Ce personnage devait jouer un grand rôle dans les affaires de l'Algérie : rôle qui fut, eu égard au pays et à l'époque, beaucoup plus important que celui du Bou-Maza dans l'Ouest.

« Les temps marqués n'étaient pas encore venus. »

Le futur envoyé de Dieu se contenta d'errer de douar en douar, de tribu en tribu, annonçant partout la révélation et la venue prochaine du Moule-Saâ (1).

À cette terrible confidence, quel est le musulman qui ne redoute pas pour son âme, et ne s'empresse pas de réconforter le nouvelliste par un bon repas et quelques aumônes,... l'homme de bien, celui qui toute sa vie a marché dans le sentier de la vérité et de la justice, tremble à la venue du Moule-Saâ, ce sanguinaire régénérateur de l'Islamisme; que ne doivent donc pas craindre beaucoup de gens en jetant un regard scrutateur sur le passé ?

Nul, à ce moment ne pouvait prévoir que ce mi-

(1) *Moule Saâ* — le maître de l'heure — sorte d'Ante-Christ musulman qui doit un jour régénérer le monde : cette régénération miraculeuse sera précédée des plus sanglantes catastrophes. Cette croyance est très-populaire chez les Arabes, surtout chez ceux de l'Ouest.

sérable mendiant allait être le chérif dont il se faisait le précurseur.

Après avoir traversé la plaine fertile des Aribs et
les tribus du versant méridional du Djerdjera, après
avoir habilement semé le trouble dans les conscien-
ces et préparé les esprits à de grands événements,
notre individu gagna la riche et toute puissante confédération des Aïth'Abbès.

Le bureau arabe d'Aumale ayant été averti des
sourdes menées tramées par quelques étrangers sans
aveu, le commandant supérieur donna l'ordre d'arrêter les agitateurs.

La Djêma des Aïth'Abbès refusa de violer cette
hospitalité, que la loi démocratique des sociétés kabyles accorde indistinctement à tous les proscrits
et les déshérités. Mais cette tribu, qui envoie des
commerçants dans toutes les villes, craignit un blocus
ruineux pour ses intérêts, et engagea le fanatique à
se retirer. Celui-ci, voyant qu'il n'avait rien à faire
dans un canton où les habitants, exclusivement préoccupés d'agriculture et de négoce, ne tenaient guère à
se ruiner pour de stériles agitations, passa l'Oued-
Sah'el et vint se fixer chez les M'likeùch; ces anciens
possesseurs d'Alger sont aussi pauvres que sauvages. Un proverbe kabyle explique suffisamment leur
moralité : « un M'likchi tue son ami pour un douro,
son frère pour deux.... son père pour trois.... »

Les M'likeûch, réfugiés dans les rochers inaccessi
bles du Djerdjera occidental, offraient, outre un asile
assuré, des acolytes déterminés à tout entreprendre
pour réparer les injustices du sort à leur égard. Le
chérif ne pouvait choisir un théâtre plus convenable
pour ses débuts, car il trouvait naturellement de précieux auxiliaires chez des gueux qui, n'ayant rien à
perdre, avaient tout à gagner : aussi restèrent-ils jusqu'à la fin fidèles à celui qui les enrichissait par ses
razzias.

Dès son arrivée chez ses hôtes, le réfugié affecta
les dehors d'un saint : retiré chez une vieille femme
il ne fréquentait personne, recherchait l'obscurité,
priait et jeûnait de telles façons que les crédules kabyles ne tardèrent pas à venir en foule trouver
l'homme austère, dont les prières devaient infailli-
blement attirer les bénédictions célestes. Nul ne pouvait décemment se retirer sans laisser quelque ca-
deau à ce pieux anachorète (1).

A cette époque (1850), El Hadj-Abd-el-Kader
était prisonnier. Depuis deux ans la paix avait suc-
cédé aux tourmentes belliqueuses des insurrections
religieuses et politiques : les Arabes étaient tran-

---

(1) Si l'on en croit certains calomniateurs, le Chérif occupait ses
loisirs à une active fabrication de fausse monnaie : plusieurs de
ses émissaires furent saisis sur les marchés de la subdivision d'Aumale répandant les produits de son industrie.

quilles, vingt années déjà s'étaient écoulées depuis l'arrivée des Français, et les Kabyles commençaient à redouter la conquête de leur pays, de tous côtés fermé par les tribus soumises. Tant que la lutte avait duré entre les chrétiens et les Arabes, les montagnards s'en étaient peu préoccupés, et seulement lorsque l'espoir du pillage les engageait à descendre dans les plaines.

Un pressentiment de la chute de l'indépendance kabyle planait dans l'esprit public, alarmé par les sorties hardies et souvent répétées du maréchal Bugeaud et de ses lieutenants. Partout on s'entretenait d'une expédition formidable destinée à soumettre la Kabylie; campagne dont le projet violemment discuté par les chambres, ne pouvait rester ignoré des indigènes, relativement mieux instruits des choses de la politique européenne qu'on ne le suppose généralement.

L'aventurier que nous avons entrevu sur le marché d'Aumale résolut de réveiller le sentiment national des Kabyles, en y associant l'esprit religieux, toujours redoutable chez les peuples primitifs, même chez ceux qui croient peu.

Il annonça à tous qu'il était Si-Moh'ammed ben Abd-Allah en personne..... (1). Une mule qui accom-

(1) « Un homme viendra après moi : son nom sera semblable à « celui de mon père, et le nom de sa mère semblable à celui de la

9

« ..... Vous vous êtes annoncé chez nous en qualité de pèlerin, et nous vous avons offert la diffa.
Cessez ce langage dont vous pourriez mal vous trouver ; sachez qui si vous nous étiez venu comme
Makhezen, au lieu de couscoussou blanc nous vous
aurions rassasié de couscoussou noir !... (1) »

Sept ans plus tard, Abd-El-Kader épuisé par ses
marches dans le sud, dépouillé de sa smala, battu
aux Iflissen (2), se réfugia chez les Maatka, où il tenta
des efforts suprêmes pour déterminer un mouvement par les Aït-Iraten et ceux de leur ligue... tout
ce qu'il put obtenir fut un aveu aussi formel que décourageant de la politique expectante, caractère in-
délébile des affaires kabyles.

Aux protestations de l'Émir, les Amînes répondirent :

« ... Nous ne croyons plus maintenant qu'à des
faits positifs. Va combattre les chrétiens et si tu ren-
tres victorieux, nous marcherons sous ton drapeau... (3) »

Il ne faut pas oublier d'ailleurs qu'Abd-El-Kader

(1) « On s'expliquera cette attitude par l'extrême âpreté des Ka-
» byles en fait d'intérêts matériels, par leur médiocre élan vers la
» guerre sainte, par leur aversion presqu'égale contre les Chrétiens
» et les Arabes. »
     Le général DAUMAS, *la Grande Kabylie*, p. 103.

(2) A Cherak et Tboûl.
(3) Le général DAUMAS, *la Grande Kabylie*, p. 360.

représente l'aristocratie arabe, et qu'il était par conséquent et naturellement antipathique à l'esprit démocratique des Berbers.

Le mouvement que nous allons voir se produire en Kabylie est donc essentiellement différent des causes qui, à diverses reprises, déterminèrent les insurrections des pays arabes, causes qui ont été parfaitement expliquées par le commandant Ch. Richard dans sa très-remarquable *Étude sur l'insurrection du Dhara.*

Bou-Bar'la s'adressa au sentiment national, à l'esprit d'indépendance, tout en parlant au nom de la religion, qui n'était que le prétexte : il flatta ainsi l'orgueil des masses. La maxime célèbre : diviser pour régner, est vraie partout. Le chérif ne manqua pas de faire appel à ces vieux levains de discorde qui fermentent dans toutes les têtes kabyles, à ces haines de soff, à ces rivalités multipliées de villages, de fractions, de tribus, conséquence des excès même de la forme démocratique.

Il était certain de réussir en faisant vibrer ces cordes, car il avait d'ailleurs pour lui de répondre à un besoin du moment.

Mais ce peu de foi religieuse qui fait que la crainte du Moule-Saâ et des châtiments terribles, cortége promis de cet antéchrist, n'agit pas sur les Kabyles comme sur les Arabes, rendait plus difficiles les

commencements du chérif. L'esprit positif des Berbers se traduisit en objections, dont les plus sérieuses
étaient le manque d'argent pour assurer les débuts
de la guerre, acheter de la poudre, etc.

« Comment, gens de peu de foi ! s'écria Bou-
Bar'la, croyez-vous que Dieu refuse quelque chose
à ses élus, à ceux qui combattent pour la religion ?
N'est-ce que de l'argent?... je n'ai qu'à frapper le sol
pour en faire jaillir... »

A ces mots, le chérif frappa du pied, et soulevant
la natte sur laquelle il se tenait, il montra aux Kabyles, émerveillés de ce *miracle*, un trou rempli de
douros, dont la plupart n'avaient que l'apparence
de l'argent. De tous les prodiges, aucun ne pouvait
frapper davantage l'esprit cupide des montagnards :
la vue de ce trésor enflamma les plus irréso-
lus.

Le paradis pour l'avenir, et dans ce monde la
jouissance des richesses, c'est plus que n'en pouvaient espérer les M'likeùch. La dernière perspective chatouillait surtout agréablement leur imagina-
tion. Déjà ils voyaient affluer dans leurs pauvres
maisons toutes les richesses de la plaine.

Naturellement les bandits, les coupeurs de route,
les malandrins de toute espèce accoururent les premiers à la curée, heureux de piller et de voler au
nom de Dieu, d'assassiner en faisant œuvre pie, et

de remplir leurs poches avec l'absolution du passé et le paradis en perspective.

C'était le noyau obligé des forces du nouveau chérif (1).

Une trentaine de cavaliers, tous gens de sac et de corde, pour *la plupart Arabes* réfugiés en Kabylie, débutèrent sous les ordres ou l'impulsion du chérif par razzier les tribus alliées ou soumises à l'autorité française dans la vallée de l'Oued-Sah'el. Les Aïdel, Beni-Mansoûr, Chorfa, furent les premières victimes de ces incursions.

Les cavaliers de Si-Moh'ammed-ben-Abd-Allah, embusqués derrière les collines qui bordent le lit sinueux de l'Oued-Sah'el, faisaient main basse sur les troupeaux et détroussaient les voyageurs. Bientôt même, malgré la recommandation traditionnelle et respectée du marabout Sid-el-Moufok, ils n'épargnèrent plus les Aith-Abbès, qui vont en grand nombre commercer sur les marchés.

Bou-Bar'la devait trouver des auxiliaires dévoués parmi les Tholba de Ben-Dris (2). Ces moines fainéants démentent singulièrement l'idée que l'on se fait des Tholba, gens pieux, charitables et instruits.

---

(1) Firmus à ses débuts « s'adjoignit les brigands et les hérétiques auxquels il promit le pillage de la province... » Ammien Marcellin, xxix, chap. V.

(2) Dont la Zaouïa est située chez les Illoula ou Malou, fraction des Oulad Ali ou Moh'ammed.

Aussi les désignait-on sous le nom dérisoire de *Tholba du bâton*. Leur zaouïa, repaire de malfaiteurs de toute espèce, chassés de leurs tribus, était devenue un refuge de voleurs et de recéleurs. Les guerres intestines avaient permis cette monstrueuse association, née sous l'égide religieuse ; puis ils s'étaient maintenus par la terreur, qui les faisait considérer comme les héritiers directs de Satan le lapidé.

Les Tholba de Ben-Drîs parcouraient la Kabylie orientale, extorquant des aumônes, vendant des talismans aux jeunes filles amoureuses, et commettant souvent de grands désordres. Mus par une rivalité d'industrie avec les Oulâd-Djebabra de l'Oued-Sah'el, ils vinrent offrir leurs secours au Chérif, qui n'eut garde de refuser un si précieux concours (1).

Toute la région de l'Oued-Sah'el fut mise à feu et à sang, et le commandant supérieur de Bougie dut faire prendre les armes au goum des Oulad-Mokrân pour la police de ce malheureux pays.

Les Tholba de Ben-Drîs parcoururent les bourgades des Zouaoua, prêchèrent la guerre sainte, firent appel ou plutôt forcèrent la générosité publi-

(1) Les Tholba de Ben Drîs firent leur soumission au général de Saint-Arnaud, en 1851. « Ce sont, dit-il dans une de ses *Lettres*, des marabouts très-influents et dont la soumission peut entraîner celle des Zouaoua et de presque toute la Kabylie... » T. II, p. 328.

que, et, tout en s'enrichissant, augmentèrent la fortune du chérif, auquel ils amenaient comme contingent le rebut de chaque village.

Ce fut alors que Bou-Bar'la résolut de frapper un grand coup; il s'était ménagé des relations chez les Hidjeurs, tribu importante des Zouaoua, une des plus influentes dans le parti de la résistance, bien que, comme toutes les autres confédérations berbères, elle fût partagée en deux partis distincts : l'un déjà favorable à la France et à la paix, l'autre exclusivement dévoué aux idées de résistance. Ce dernier parti, beaucoup plus puissant, appela Moh'ammed-ben-Abd-Allah. Grâce à ses razzias de l'Oued-Sah'el, celui-ci put s'annoncer avec quelque appareil de force et en imposer aux populations.

De ce jour, data la puissance réelle du Chérif, car l'obscur chef de partisans avait enfin un parti et devenait un homme politique.

Ce fut en grande pompe qu'il se présenta sur le Tléta ou marché du mardi des Hidjeur. Il arriva vers midi, au moment où la foule était réunie, accompagné de ses grands drapeaux, au bruit excitant des tambours et des flûtes kabyles, escorté par soixante cavaliers bien équipés et un bataillon de fantassins zouaoua et m'likeuch.

Qu'on juge du tumulte causé dans cette foule réunie. La vue des chevaux, si rares dans ces âpres montagnes et véritable symbole de commandement, le son enivrant de la musique, produisirent un effet inexprimable.

Les Kabyles se ruèrent au-devant du chérif... Le Bou-Bar'la s'avance : il prononce le *Feth'a*, prière solennelle des Musulmans. Un silence imposant règne dans l'assemblée.

Au milieu de ces rochers à peine recouverts par la sombre verdure des oliviers, c'était certes un tableau saisissant que cette réunion des montagnards kabyles : ces hommes, tête nue, les pieds couverts de peaux de bêtes, discutant tumultueusement, agitant leurs armes, exaltés pour la défense de leur sol, offraient un spectacle qui n'était pas sans grandeur poétique...

Au premier rang, les Amînes, les hommes influents, écoutent avec avidité les paroles du chérif. Derrière eux, le peuple, à flots pressés écoute et attend la décision de ces vieillards qui, de même que les sénateurs romains, portent dans les plis de leurs bournous la paix ou la guerre.

Bientôt on reconnut ces Berbers « *ingenio mobili, novarum rerum avidum* » dont parle Tacite : les cris, l'enthousiasme atteignent leur comble.

Alors se passe une scène impossible à décrire : un nègre, aux traits hideux, rompt le cercle, se précipite sur le chérif en criant à la foule : « Non, cet

homme n'est pas l'envoyé de Dieu ! Il vous en im-
pose... » et, tirant un énorme tromblon, il le dé-
charge sur la poitrine du Bou-Bar'la qui, impassi-
ble, ne bouge pas. Le nègre se jette alors à ses
pieds, se tordant dans d'affreuses contorsions (1).

    « Incrédule ! s'écrie le chérif, doutais-tu de ma
» puissance ? Je te pardonne, mais apprends que je
» suis invulnérable : les balles s'amortissent sur
» mon corps, car je suis l'envoyé de Dieu ! Quant à
» vous, Kabyles, témoins de ma clémence, suivez-
» moi, et si vous m'obéissez aveuglément, je vous
» rendrai victorieux !... »

    Des faits aussi décisifs déterminèrent immédiate-
ment les Amînes à rendre hommage à Si-Moh'Ammed-Ben-Abd-Allah. Ce fut à qui se précipiterait
pour baiser les pans de son bournous.

    Un Thâm homérique fut préparé (2). Les troupes
ayant été réparties dans les diverses bourgades des
Hidjeurs, le chérif se rendit avec ses cavaliers au
village de Sah'el.

    « La nouvelle de l'apparition du vrai chérif im-
pressionna tellement l'esprit poétique des Kabyles,
qu'elle sillonna comme l'éclair tout le massif mon-

_____

(1) Le compère du chérif exerce aujourd'hui la très-prosaïque
profession de boucher à Thaourîr't-n'aïth-Menguellat.

(2) *Tham :* nourriture de couscoussou, et par extension réunion
où l'on mange.

tagneux du Djerdjera, et fut accueillie avec enthousiasme. Chacun brodait à sa manière sur ces miracles fantastiques, et chacun s'empressait aussi de lui
envoyer l'*Ouada* ou offrande religieuse... (1). »

Tous les Igaouaouen subirent bientôt l'ascendant
du chérif.

Les tribus kabyles pures, celles qui n'avaient jamais payé d'autre impôt que celui de la poudre,
s'empressèrent d'expédier des hommes et de l'argent
à celui qui, envoyé par Dieu même pour chasser les
infidèles, renouvelait, à quinze siècles de distance,
le rôle de Firmus.

L'importante confédération des Set'ka, qui se partage la Kabylie occidentale et compte six mille fusils,
les Ithsouràr, les Illilten, ayant à leur tête les fanatiques de Soummeur, les Illoulen, les tribus du
Massif nord de l'Assif-El-Hammam (2), se rallièrent
sous des influences diverses à la cause de l'agitateur.

Les marabouts, hostiles aux étrangers par leurs
principes religieux, et qui redoutaient d'autant plus
l'influence française, qu'elle anéantissait naturellement la leur, déterminèrent presque partout le mou-

---

(1) M. l'interprète militaire FÉRAUD . *Etudes sur Bougie.*
(2) *Assif El Hammam* : la rivière des eaux chaudes, ainsi nom-
mée des eaux thermales d'Engued. Cette confédération, qui
prend le nom de la rivière, occupe la partie Est du littoral entre
Dellys et Bougie.

ment en excitant l'amour-propre excessif des montagnards et leur passion ardente pour la guerre.

Parmi ces marabouts, étaient des Khouâns ou frères (affiliés) de l'ordre de Si-Moh'ammed-ben-Abd-er-Rhaman, la seule société secrète qui compte des adeptes sérieux en Kabylie (1). Ses membres sont d'autant plus dangereux que, prétendant ne se mêler en rien aux choses mondaines, ils abusent de leur ascendant religieux pour entretenir des

(1) Elle n'en compte guère que parmi les marabouts et très-peu dans le haut pays, mais ses ramifications sont si nombreuses et si influentes dans la partie occidentale de la Kabylie, que Sid El H'adj Abd El Kader sollicita le *Oueurd* (\*) d'initiation afin de pouvoir agir politiquement sur les personnages religieux de la Kabylie. Ce fut le Marokain Sid El Hadj Bechir, résidant à la zaouïa des Aïth Smaïl de la confédération des Guechtoula qui affilia le chef arabe et consentit dès lors à utiliser au profit de ce dernier sa haute influence de Mek'addem (\*\*) des Khouâns. Les résultats négatifs obtenus par l'Emir prouvent le peu de consistance de ces ordres en Kabylie où — bien qu'ils doivent être constamment surveillés — ils sont loin de présenter les mêmes dangers pour notre domination que dans les pays arabes. Nous renvoyons le lecteur curieux de détails sur ces associations aux très-intéressants travaux de MM. le colonel de Neveu et Ch. Brosselard.

\* Le *Oueurd* : la rose ou l'ordre, terme mystique qui désigne l'initiation aux sociétés secrètes musulmanes. Recevoir la rose ou l'ordre, c'est faire partie des Khouâns. Je crois avec M. Gorguos que ce mot est un emprunt fait au vocabulaire religieux du Soufisme où presque toutes les expressions sont détournées de leur sens propre pour en prendre un allégorique connu des seuls initiés.

\*\* Mek'addem celui qui avance. Le chef spirituel de toute une circonscription de l'ordre; lui seul a pouvoir de conférer le Oueurd, c'est-à-dire d'initier à la règle et aux pratiques ceux qui sollicitent l'affiliation.

sourdes haines et fomenter des conspirations. Leurs sanctuaires sont souvent des foyers d'insurrections et d'intrigues d'une influence toujours redoutable.

La Kabylie était donc travaillée en tous sens par les divers éléments désorganisateurs dont nous venons d'avoir successivement occasion de parler.

Les tribus soumises du cercle de Bougie furent bientôt attaquées par le chérif : les Aïth-Ameur reçurent les premiers coups et le village de Thizi-El-Korn fut pillé et brûlé.

L'hiver étant venu couvrir la haute Kabylie de son manteau de neige, les opérations de guerre se trouvèrent suspendues de part et d'autre.


## II


Dans une pittoresque vallée, formée par l'alpestre Djerdjera et les verts rochers des Illilten, se trouve le village de Soummeur, dont on aperçoit les tuiles rouges et la blanche mosquée au milieu des vergers qui dominent le torrent de l'Oued-Djêma. Ce village, où se presse une foule nombreuse accourue des tribus zouaviennes, est la résidence de la célèbre maraboute Lella-Fathîma-Ben't-ech-Cheikh. De tous les points de la Kabylie, on vient consulter cette femme, dont la renommée devait encore grandir;

son talent divinatoire, ses abondantes charités n'é-
taient pas sans influence sur la politique locale.
Bou-Bar'la ayant résolu de s'assurer le concours des
marabouts de Thifilcout, qui subissaient l'ascendant
de la Druidesse Berbère, ils le renvoyèrent à Soummeur; et là, dit-on, le chérif noua des relations intimes avec Fathîma, dont il devint l'amant lorsqu'elle lui eut reconnu le signe de prédestination
divine (1).

D'après ce que nous savons de cette femme, remarquable à beaucoup d'égards (2), il est permis de
supposer qu'elle exerça une grande influence sur la
politique du hardi aventurier. En effet, celui-ci em-
ploya habilement les mois d'hiver : il inonda les pays

(1) Bou Bar'la était un homme gros, de taille moyenne, très-brun,
presque mulâtre, les lèvres proéminentes. Il avait un *ouchem* (ta-
touage) consistant en une étoile au milieu du front. Mais quoi
qu'en voulût bien croire Fathîma, ce n'était pas le véritable signe
inhérent à la peau — *Mara* — annoncé par les livres comme caractère du chérif qui viendra du Magreb El-Aksa pour délivrer l'Islamisme du joug des Chrétiens.

(2) En juillet 1857, la division commandée par M. le général Yusuf s'empara du village de Soummeur, refuge de mécontents et de
gens sans aveu. Lella Fathîma fut faite prisonnière avec sa famille
et une suite nombreuse. J'eus occasion de la voir à ce moment :
elle avait beaucoup d'embonpoint, mais on reconnaissait qu'elle
avait dû être fort belle. Elle montra beaucoup de dignité dans son
malheur ; aucun des siens ne voulait l'abandonner. Elle est depuis
ce temps exilée dans le bordj du Bach Agha des Beni-Seliman, près
d'Aumale. Un poète Kabyle a composé une ballade mélancolique
répandue chez les Zouaoua, qui retrace la biographie — très-ornée
— de cette Velleda Berbère.

arabes d'émissaires porteurs de lettres ; il adressa des proclamations à tous les kaïds investis par l'autorité française (1). Les populations en masse furent convoquées à la guerre sainte.

Dans les premiers jours de mars 1851, le chérif

(1) Voici un échantillon de ces proclamations :

« Gloire à Dieu unique !

» A la totalité des gens des Oulad Aïan (*), salutations... Je préviens les fils de Dieu et les serviteurs du prophète que je suis envoyé pour les délivrer du joug des Chrétiens.

» Le grand sultan de Turkie est venu, à travers le Sah'ra, à la recherche des infidèles ; il en a massacré un grand nombre dans un combat et a pris tous leurs bagages ; sachez également que le sultan du R'eurb (Marok) s'est emparé de trois villes de l'Orient occupées par les Français, il marche en ce moment sur Alger d'où il m'informera de ses succès et de ses opérations ultérieures.

» Tenez-vous sur vos gardes, préparez-vous à combattre dans la voie de Dieu ; le Sultan viendra sous peu de notre côté ; je me rendrai alors vers vous avec mon armée et je vous montrerai combien grande est notre force. Oh ! combien de fois, par la permission de Dieu, une armée nombreuse fut vaincue par une petite troupe !

» A écrit ces caractères, Si Moh'ammed ben Abd Allah ! »

Suit un cachet de proportions inusitées.

Comme toutes les pièces de ce genre, c'est un chef-d'œuvre d'impudence et d'extravagante ignorance qui ne peut être surpassé que par la confiante crédulité des pauvres diables qui se font héroïquement tuer sur l'autorité de pareils documents.

On saisit de ces missives jusque chez les Attafs des environs de Meliana, fort loin au sud de Médéa. Enfin, à Blida même, on saisit un Marokain qui prêchait la guerre sainte : ce dernier fut pris par ses coreligionnaires.

(*) Tribu de la subdivision d'Aumale.

ayant réuni à ses bandes les contingents zouaoua du versant nord du Djerdjera, conduits par Sid-El-Djoudi (1), il descendit vers l'Ouest, où il vint incendier le petit village d'Iril-Hammad, chez les Mechedalla; puis, revenant rapidement sur ses pas, le 19 mai, il attaqua Ichellaten et les fermes de Si Moha'mmed-Saïd ben Ali chérif.

Ichellaten, ou, comme on dit plus communément, Chellata, est une zaouïa importante, dont les habitants, bien que nombreux, sont tous attachés à cet établissement. Aussi, en raison de leur caractère religieux, sont-ils très peu belliqueux. Ils n'opposèrent donc d'abord aucune résistance sérieuse. Ali-chérif, chef de cet état théocratique, homme d'une haute intelligence et entièrement dévoué à la France, dut prendre la fuite et se réfugier chez les Aïth-Abbès, qui reconnaissaient sa suprématie spirituelle.

Une razzia de trois cents bœufs et de quelques milliers de moutons fut le résultat matériel de ce hardi coup de main, qui faillit cependant, à la fin, mal tourner pour le chérif; car la vie des habitants avait été sauvegardée, grâce à un anâya conclu par

(1) Sid El Djoudi, chef religieux de la confédération des Aïth Betroun (zouaoua de l'Ouest). La famille de ce personnage originaire des Aïth Iraten, résidait à Ir'il bou Amames, où se trouve la zaouïa du cheikh El'Mansour, chef de la famille et petit-fils d'un des généraux Sarrazins qui prirent part aux guerres d'Espagne.

l'entremise des villages voisins. Cette trève fut violée. Les tholba sortirent enfin de leur léthargique paresse et firent, dans la partie sud du village, une très-vive résistance.

On a prêté à Bou-Bar'la le projet ambitieux de substituer son autorité au pouvoir séculaire de Ben-Ali chérif. C'est un fait inadmissible ; car il est évident que ce pouvoir lui eût été contesté par les populations elles-mêmes. D'ailleurs, le chérif était l'homme du populaire : il eût perdu tout crédit en s'installant au milieu des Tholba, qu'il eût scandalisés par sa crasse ignorance. Il l'avait si bien compris, que, pendant l'attaque de Chellata, il fit un effort désespéré pour surprendre et enlever le jeune fils de Ben-Ali chérif, afin de s'en faire un bouclier moral ou un appât vis-à-vis des tribus indécises.

Le commandant de la subdivision d'Aumale faisait, à cette époque, construire un bordj ou maison de commandement chez les Beni Mansoûr, au confluent de l'Oued Mah'rir et de l'oued Sahel, non loin des rochers des M'likeuch. Moh'ammed ben Abd-Allah profita des appréhensions suscitées par l'érection de ce poste pour déterminer une attaque contre le camp chargé d'appuyer les travailleurs. Les 5 et 8 avril, le chérif vint lui même ouvrir le feu. Le 10, M. le colonel d'Aurelle de Paladine arriva à la tête de la colonne mobile d'Aumale, et, après de grandes difficultés, parvint, par une offensive hardie, à s'emparer de Selloum, village presqu'inaccessible des M'likeuch. Malheureusement, cette brillante affaire resta sans résultats, car elle demeura isolée.

L'esprit des populations était vivement excité par la marche du général de Saint-Arnaud, qui opérait dans la Basse-Kabylie, aux environs de Collo (1). En vue de cette expédition, l'effectif des troupes avait été réduit du côté de Bougie. L'audace des perturbateurs s'accrut lorsqu'ils virent les Français porter la guerre à vingt lieues de leur pays, sans tirer vengeance des agressions du chérif.

Plusieurs de nos chefs investis furent assassinés, les autres abandonnés ou pillés. Tout ce qui, à un titre quelconque, avait servi ou servait la France, subit l'effet de cette terrible réaction (2). Les tribus des deux rives de la Soummam reconnurent l'auto-

(1) Le général de Saint-Arnaud expéditionnait dans le triangle compris entre Philippeville, Mila, et Djidjelly, pays insoumis où l'on trouva une résistance inattendue qui, écrivait le général, « fut un reflet de la révolte du Djerdjera et de l'Oued Sah'el. »

(2) « Les chrétiens sont impuissants, vous en avez la preuve dans » la fuite de ceux qu'ils ont revêtus de signe de l'opprobre (burnous » d'investiture). Ils les défendraient s'ils le pouvaient, et si Dieu ne » s'était point déclaré pour notre cause. Ils n'osent sortir de leurs » murs, derrière lesquels ils sont retranchés comme nos femmes. » Je vais vous conduire à Bougie ; les portes s'ouvriront d'elles » mêmes. Les chrétiens tireront sur vous, mais par la permission » de Dieu, leurs projectiles fondront comme la neige!... »

(*Proclamation du Chérif.*)

rité du chérif et lui fournirent l'impôt. Beaucoup,
disons-le pour être justes, étaient mues par une
crainte très-légitime ; car, isolées avec leurs propres
ressources, elles ne pouvaient attendre de nous aucun secours immédiat. Dans tous les villages, il n'é-
tait question que des fantastiques miracles de l'envoyé de Dieu : partout des difa étaient préparées sur
son passage. Les anciennes dissensions étaient ral-
lumées, aidées par l'anarchie, avec une vivacité que
l'unité religieuse ne pouvait calmer, comme le gouvernement et le prestige d'Abd-El-Kader était par-
venu à le faire dans les pays arabes.

Les communications entre Bougie et Sétif furent
interrompues, et le prestige du chérif fort augmenté
par quelques avantages — considérablement grossis
par la rumeur publique.

Le 13 mai, Bou Bar'la remonta l'Oued Soummam,
et se présenta devant Bougie à la tête de six mille
hommes. Ses partisans étaient aveuglés à un tel
point, que la part de pillage de chacun était déter-
minée d'avance : le chérif s'était naturellement réservé la maison du commandant du cercle.

Ils avaient compté sans le commandant supérieur,
M. le colonel de Wengy, qui opéra une sortie avec
les quelques compagnies de la garnison, dont le courage multiplié ne tarda pas — malgré un faible
effectif — à faire éprouver aux Kabyles une défaite

de nature à refroidir leur zèle, si l'entêtement et l'orgueil d'une longue indépendance n'avaient été chez eux poussés aux dernières limites. Le narrateur ne peut passer sous le silence l'appui fourni à la garnison par les M'zaïa, qui, malgré la défection de leurs voisins, non-seulement demeurèrent fidèles, mais vinrent encore, au moment le plus critique, prêter le loyal appui de leurs fusils à la cause française. Ces honnêtes montagnards étaient commandés par Si Saddok ou Azgar et Si Moh'ammed ou Ali. La journée finie, le colonel de Wengy remercia les braves contingents : « ..... Vous, M'zaïa, leur dit-il, rentrez dans votre pays, il vous sera facile de le défendre. Je n'oublierai point que votre fidélité ne m'a pas failli ! LA FRANCE SAURA VOUS EN TENIR COMPTE ET VOUS PROTÉGERA..... » (1).

Vers les commencements de juin, l'étoile du chérif pâlissait sensiblement : les colonnes des généraux Bosquet et Camou ayant fait jonction, battirent l'agitateur sur les hauteurs d'Aïth-Anou, position importante entre Bougie et Setif. C'était le point de réunion de Bou-Bar'la et de son lieutenant El H'adj-Mostapha, ancien khalifat d'Abd-El-Kader, qui cher-

(1) *Notes sur Bougie*, par M. l'interprète FÉRAUD; travail aussi intéressant qu'exact dont l'auteur joua un rôle actif dans ces trop obscurs épisodes de la conquête Algérienne. (*Revue Africaine*: T. p. 450).

chait à soulever les populations du Guergour : ces
relations étaient désormais impossibles.

Le chérif fut successivement poursuivi chez les
Aïth-Himmel, dont les récoltes et les villages devinrent la proie des flammes, succès chèrement payé
par la mort du brillant général de Barral.

Le 26 et le 28 juin, l'œuvre de soumission était
couronnée par l'incendie du village des Our'zellaguen, chez lesquels Bou-Bar'la s'était refugié, en re-
prochant impudemment aux Kabyles leur peu de foi
dans sa mission divine, cause unique, ajoutait-il, de
leur défaite.

L'aveugle confiance des Our'zellaguen dans les
mensonges du chérif était telle, que, se croyant certains d'arrêter les Français, ils avaient, contre les
habitudes de leurs guerres, conservé avec eux leurs
femmes et leurs enfants, leurs troupeaux et leurs
richesses.

Ils furent, hélas! cruellement désabusés.

Le général Camou réunit les Djama Kabyles, et,
enlevant aux montagnards leurs dernières illusions
sur le compte du chérif, il reconstitua l'autorité
sous l'influence un moment ébranlée de Ben-Ali
chérif, chef de la zaouïa de Chellata.

Après la défaite des Our'zellaguen, à laquelle il
avait assisté de loin, le chérif s'enfuit par les montagnes des Ilîdjer pour chercher un refuge chez ses

fidèles M'likeuch ; son lieutenant El H'adj-Mostapha, obligé d'abandonner les environs de Bordj-Bou-Arreridj venait, quelques mois plus tard, faire sa soumission au Bach Agha de la France, dans le Haut-Sebaou.

## III

. Après ces échecs, Bou-Bar'la abandonna la région de l'Est pour venir relever sa fortune dans la Kabylie occidentale, où, à l'aide de nouvelles et non moins audacieuses supercheries (1), il releva son prestige ébranlé : il fixa sa résidence au village de Mecherik, chez les Hall-Ok'dal (2); il y acheta une maison, prit deux femmes, et ne tarda pas à fomenter dans cette région des troubles qui devaient dégénérer en une levée de boucliers, dont la zaouïa de Sid Abd-Er'Rhaman, chez les Aïth-Smaïl, fut le principal foyer.

Exposons ces faits le plus succinctement possible.

(1) Le Chérif se prétendait invulnérable : un jour poursuivi par le goum, il eut son burnous traversé par une balle, tirant alors un petit lingot recouvert d'or, il le montra à des cavaliers, s'écriant : « Voyez les infidèles me savent invulnérable par le fer et le plomb, » ils essaient à me tuer avec des balles d'or!... »

(2) Les Hallok'dal (gens des prairies) petite tribu située au sud-est des Ouadia et qui suivait la politique des Setka, Zouaoua de l'est.

Bou-Bar'la occupa l'été à nouer des relations avec les tribus du massif ouest de la Kabylie, et entraîna, l'une après l'autre, les fractions commandées par le Bach-Agha du Haut Sebaou, Belkacem ou Kacy, dont l'influence s'amoindrissait en raison de sa soumission à la France.

Les Guechtoula et les Maatka, se détachant les premiers, fournirent des contingents au chérif. Celui-ci, profitant de l'exaltation qui s'empare toujours des Kabyles après une abondante récolte, commença à harceler les villages favorables à nos intérêts, et à repousser les goums, commandés par les officiers des bureaux arabes, ou les sorties opérées par les troupes campées à Ben-Aroûn.

Il devenait urgent d'opposer une barrière à ce mouvement, qui pouvait exercer une très-fâcheuse influence sur les tribus arabes voisines; car la confédération des Illissen ou Mellîl, qui sépare les Arabes du haut pays Kabyle, venait d'entrer en pleine révolte, après des luttes et des combats intérieurs où le parti de la paix vaincu avait été contraint d'embrasser la cause de Bou-Bar'la.

La mosquée de Timezrit, célèbre dans le pays, fut le théâtre d'une réunion considérable où, sous la pression du chérif, on décida d'attaquer la colonne du général Cuny, occupée à réparer le vieux fort turk de Tizi-Ouzou pour y loger notre Bach Agha.

La démonstration fut nombreuse et meurtrière, mais sans aucuns résultats.

Le 30 octobre 1851, M. le général Pelissier, alors gouverneur par intérim, arriva sur les hauteurs du Dra-El-Mizâne (1). Par une suite de combats brillants, suivis de grands avantages matériels, cette colonne amena rapidement, malgré la saison avancée et des obstacles multipliés, la soumission des Flissa, Guechtoula, Maatka. Vingt-neuf villages furent attaqués, pris et brûlés. Plusieurs fois le chérif avait chargé à la tête de ses cavaliers, et, le 29 novembre, il était venu, avec les fantassins Guechtoula et Ouadia, attaquer le camp de Tizi-Mah'moud, où se trouvait le général gouverneur.

L'expédition se termina par la destruction, chez les Aïth Mendes, des propriétés de la famille d'une des femmes de Bou-Bar'la.

Le général Pelissier organisa le pays, récompensa les chefs qui, au début des hostilités, n'avaient pas craint de soutenir la politique française, même après la réunion décisive de Timezrit.

Le mobile de cette insurrection fut surtout une réaction de l'esprit démocratique des Kabyles contre

(1) Dra-El-Mizane, — le bras et la crête de la balance. — Non loin de ce point important a été construit le poste français qui porte ce nom et joue le même rôle que l'ancien bordj turk de Bour'ni, bâti lui-même sur les ruines du poste romain d'*Isatha*.

les tendances féodales de quelques grandes familles, comme les Oulad ou Kacy, les Ben-Zamoun qui, en servant nos intérêts, cherchaient à reprendre un ascendant que la politique turke avait autrefois brisé ou contenu.

Au mois de janvier, Bou-Bar'la, battu mais non découragé, passa l'Oued Ameraoua, se rendit dans cette partie montagneuse du littoral kabyle comprise entre l'Assif-El-Hammam et Bougie. Un de ses lieutenants, Si Kouider et Titteraoui, y avait préparé un mouvement (1). Les habitants du village de Thizi-el-Korn, chez les Aïth-Ameur, excités par une haine de vieille date et se voyant sur le point d'être écrasés par le soff opposé de leur tribu, invoquèrent l'appui du chérif par lequel ils avaient été battus et dépouillés deux ans avant. Celui-ci quitta précipitamment les Zouaoua et arriva chez les marabouts très-influents de Tifrit-N'aïth ou Maleuk. Il ne tarda pas à y recruter les gens des Hidjeurs, et, le 14, il s'empara d'Aguemoun chez les Ameur. A cette nouvelle les Chorfa, Iksilen, Aïth Ahmed Garet et plu-

_____

(1) Ce Si-Kouider était un homme assez remarquable originaire des Chorfa-M'fatha des environs de Bor'ar. Un instant il avait porté ombrage à Abd-El-Kader lui-même, puis il s'était posé en compétiteur du chérif, auquel il était, je cro's, supérieur, enfin il était devenu son lieutenant. Le fils de Si-Kouider, un certain El-Moktar, qui voulait également devenir un personnage politique, a été tué ces dernières années au combat de Boubh'ir, dans le Haut-Sebaou.

sieurs autres firent prompte soumission au chérif, car ils étaient trop faibles pour résister. Heureusement le général Bosquet arriva à temps pour secourir nos alliés et relever le moral indécis des tribus récémment soumises. Les Aïth-Our'lis résistèrent à Bou-Bar'la. Encouragés par la présence des troupes françaises, ils attaquèrent et enlevèrent même le village des Aïth-Mansoûr, où se trouvait l'agitateur, qui, abandonnant, comme toujours, les victimes tardivement désabusées de ses prédications, se retira chez les Zouaoua (1).

Ce mouvement insurrectionnel présentait un tout autre caractère que celui de la Kabylie orientale. En résumé, c'était plutôt une protestation de la politique locale qu'une guerre d'indépendance nationale dans l'acception vraie de ce mot.

La fortune cessait de sourire au chérif : les intérêts mis en jeu, les fibres qu'il fait mouvoir se réduisent aux minces proportions de rivalités de villages ou de jalousies de Djéma, à des questions de clocher comme on dirait en Europe.

Dans la région du Djerdjera, la soumission inattendue de Sid-el-Djoudi acheva de porter un coup

_____

(1) Pendant cette expédition, il survint une de ces tempêtes de neiges si terribles en Algérie; nombre de soldats s'égarèrent ou tombèrent de faim et de froid, ils furent recueillis, soignés et ramenés par les Kabyles, qui rapportèrent même des objets de campement, des vivres, des armes, perdus ou égarés pendant la tourmente.

fatal aux projets de Bou-Bar'la, car si elle n'entraînait pas la soumission des Zouaoua, au moins elle
entravait ou pouvait neutraliser leurs tentatives de
révolte. Ce chef, alarmé des succès du général Pélis-
sier, accepta le titre tout nominal de · Bach-Aga du
Djerdjera ; bien qu'à dater de ce jour, son influence
sur les populations fût presque annihilée, le chérif
ne pouvait plus trop cependant compter sur un concours actif.

Son rôle diminua de jour en jour : retiré chez les
M'li-kouch, il était réduit à faire le coup de feu dans
de rapides razzias exécutées sur les tribus soumises.
Parfois il tenta de hardis coups de main, et déploya
une intelligence consommée, qui eût fait honneur à
un général de partisans : c'est ainsi qu'une nuit,
malgré une neige épaisse, il se fraya un passage par
le col des Irguen pour surprendre les Aïth ·Meddour.
C'était un prodige qui terrifia les Kabyles tout habitués qu'ils sont aux gorges et aux rochers de leur
difficile pays (1).

Il parvint aussi à se rendre maître de Selloum où,
au commencement de ce récit, nous avons vu opérer
le colonel d'Aurelle. Mais ce n'était plus le même
enthousiasme de la part des populations : s'il y

_____

(1) Si on en croit un passage d'Ammien (XXIX, §§ 40, 44), le rebelle Firmus avait accompli un coup de main semblable : « *Per
saxa et rupes...* »

avait encore beaucoup d'aveugles, il y avait plus de désillusionnés encore : il fallait, pour lui rendre quelque moment de crédit, les luttes intestines de la confédération des Setka.

Partout à cette époque (1852-1853), la France comptait des adhérents, et on vit alors se renouveler ce qui s'était passé dans beaucoup de tribus Berbères : le soff national appela le chérif comme une protestation éclatante aux démarches de soumission tentées par les chefs du parti opposé.

Les rôles changent alors : Bou-Bar'la n'est plus que l'instrument des passions et des haines qu'il exploitait et soulevait jadis. Ses revers récents, et surtout une blessure qui jette un grand doute sur sa mission providentielle, ont semé le découragement même parmi ses plus fidèles partisans. C'est ainsi que chez les Setka un de ses cavaliers eut l'audace de porter la main sur lui : il le fit tuer immédiatement. Les autres furent épouvantés. Dix-sept tentèrent de gagner le camp français. On voit que le chérif n'avait plus cette force morale qui, deux ans auparavant, entraînait les populations enthousiastes.

Au commencement de 1854, une grande nouvelle se répandit en Kabylie : les chrétiens, disait-on de toute part, abandonnaient l'Algérie... Quelqu'étrange que puisse paraître cette assertion, elle avait été, comme toute chose, sa raison d'être. Les nombreux Kabyles,

10.

travaillant dans les villes du Tell, assistaient au départ des troupes pour l'Orient. Partout l'effectif des garnisons était considérablement réduit ; l'infanterie, la cavalerie, l'artillerie, le matériel étaient activement embarqués.

Dans la région du Sebaou, le Bach-Agha Bel-Kacem ou Kacy, homme remarquable et franchement rallié à la France, qu'il avait longtemps combattue, servait activement nos intérêts et choquait, par cela même, l'esprit indépendant des habitants du haut pays, dont beaucoup avaient servi sous son ennemi juré, Ben-Salem, ancien khalifat de l'Émir (1). L'action politique du bureau arabe de Dellys, s'étendait chaque jour davantage, et des germes de

(1) Bel-Kacem ou Kacy, un des plus intrépides lieutenants de l'émir, devenu notre allié fidèle et courageux dans les moments difficiles depuis 1847, mourut à la fin de l'expédition de 1854, miné par les maladies et le chagrin. Il fit à ses fils les recommandations suivantes : «...Fondez des établissements d'instruction et de charité (zaouïa), soyez justes envers les malheureux, *dévouez-vous à la cause des Français, dussiez-vous les suivre au-delà des mers...*» Paroles très-répandues dans le pays et qui attestent quel allié notre cause allait perdre.

M. le général Daumas a expliqué avec beaucoup de talent les rivalités des Oulad ou Kacy et des Ben-Salem en Kabylie. (*La Grande Kabylie*, chap. VII, p. 241 et chap. VIII, p. 281.)

Les Ben-Salem demeurèrent fidèles à Abd-El-Kader, et le fils du khalifat, élevé dans un de nos collèges, marchait vaillamment aux côtés de l'émir lors du massacre de Damas, perpétuant ainsi en Syrie le dévouement dont son père avait donné tant de preuves à l'émir en Algérie.

mécontentement ne tardèrent pas à naître dans le pays. Partout on se plaignait de Bel-Kacem ou Kacy, qui se rattachait aux Français précisément au moment où leur domination allait finir.

Bou-Bar'la apparut alors chez les Hidjeur : comme toujours, il chercha à ranimer le zèle religieux, annonçant que l'heure de la délivrance allait sonner ; les efforts, disait-il, étaient d'autant moins grands à faire, que les chrétiens, obéissant à la volonté de Dieu, évacuaient peu à peu l'Afrique.

Les Beni-Djennad, les Iflissen-el-Bah'r, tribus du littoral, voisines de Dellys, brisèrent les Anaya, reprirent les *Mezrag* (1), et coururent aux armes. Ils attaquèrent l'ancien makhezen des Turks, la belle colonie militaire des Ameraoua, directement soumise à l'influence de Bel-Kacem qui résidait à Tamda. L'autorité privilégiée (voir au chapitre précédent) et les prétentions dominatrices de cette tribu, lui avaient depuis longtemps suscité les haines de ses voisins. Les Kabyles, qui gardaient le souvenir de leurs luttes avec les Ameraoua, les accusaient d'être les serviteurs des Français comme ils avaient été autrefois ceux des Turks. Les Aïth R'ou-

(1) Très-ancienne et intéressante coutume en usage dans quelques tribus berbères : lorsque les tribus sont en paix elles échangent, comme symbole d'union un fusil, mais ce gage s'appelle le *mezrag*, la lance, mot qui nous montre l'antiquité de cet usage. Lorsque l'on veut recommencer la guerre, chaque parti reprend son gage.

bri, les Azazga, tribus du haut Sebaou se joignirent aux révoltés.

Le chef du bureau arabe se porta à la tête du goum sur Mekla dans le haut de la vallée. Le 9 avril, il attaqua les Azazga. Dans cette affaire, qui fit le plus grand honneur au capitaine Wolff (1), le chérif fut grièvement blessé à la tête; il ne dut la vie qu'à la rapidité de son cheval, tué quelques instants après au col d'Aïth-Boukena. Bou-Bar'la eut à peine le temps de se jeter dans un ravin boisé conduisant à la Zaouïa de Tazerout, chez Si-El-Arbi-Chérif.

Le 3 mai, l'insurrection se terminait par un nouvel engagement à l'Assif-B'oudles (2), dans lequel le capitaine Wolff châtiait les Azazga et une partie des Adjennad.

De ce jour, Moh'ammed-Ben-Abd-Allah disparaissait de la scène politique de la Kabylie.

Peu de temps après, au mois de juin, M. le général de division Randon, gouverneur-général, à la tête d'une faible colonne expéditionnaire, brûlait les grands villages de Beni-Djennad, et après avoir attiré sur ce point les contingents du haut pays, s'élançait par une pointe hardie au Sebt des Aïth-Yah'ia, point culminant d'où le futur maréchal de France

_____

(1) *Moniteur de l'Algérie* du 10 mai 1854. M. Wolff est aujourd'hui colonel du 43e de ligne.

(2) La rivière des joncs.

dominait la contrée, que trois ans plus tard, il devait soumettre et conquérir.

Réduit à l'impuissance, Bou Bar'la se retira à Thaourir't El H'adjadj chez les Aïth Yenni, tribu considérable, très industrieuse, mais peu guerroyante à laquelle son séjour ne tarda pas à inspirer des craintes sérieuses. L'hospitalité Kabyle ne permettant pas de le renvoyer, on chercha à lui faire comprendre qu'il était un homme dangereux pour de paisibles trafiquants. Renonçant définitivement au rôle de chérif, il revint chez les M'likeuch ses plus dévoués serviteurs. De là, il commença à faire parvenir aux divers commandants des cercles avoisinants, des propositions de soumission.

Les chefs des bureaux arabes de Dra El Mizane, d'Aumale, de Bordj bou Arreridj, doutant de la sincérité de ces tentatives, y attachèrent d'autant moins d'attention qu'ils amoindrissaient par cela même l'importance du personnage.

On savait son influence complètement annulée; les dernières guerres faisaient faire de sérieuses réflexions aux Kabyles dont les oliviers brûlés, les villages saccagés, les moissons coupées avaient fortement endommagé la fortune, en compromettant l'avenir. Dès qu'ils virent leur pays accessible aux armées européennes, ils durent modifier leur politique, car, liés au sol, ils ne pouvaient chercher à se déplacer comme les Arabes des plaines.

Bou Bar'la comprit ces changements de l'opinion qui lui enlevaient tout espoir de poursuivre son rôle. Il résolut de faire croire à un reste d'influence qu'il n'avait même plus. Le 26 décembre, il rassemble ses derniers serviteurs, puis descendant le Djerdjera, il vint à Thala Thamellalt, enlever les troupeaux de Lakhdar El Mokrâni, kaïd des Aïth'Abbes auquel il avait voué depuis longtemps une haine implacable. Déjà il avait réussi dans la razzia et les troupeaux enlevés atteignaient les premières déclivités de la montagne, lorsqu'il fut rejoint par le kaïd qui avait précipitamment réuni ses cavaliers. Le chérif serré de près et voyant sa monture épuisée, voulut mettre pied à terre pour s'échapper plus facilement. Mais à peine touchait-il le sol, qu'après quelques intants de lutte, le kaïd lui trancha lui-même la tête.

Le soir le kaïd Lakhdar El Mokrâni, suivi d'une brillante fantazia de cavaliers, apportait à Bordj bou Arreridj, la tête, le cheval et les armes du chérif.

Ces trophées furent promenés sur tous les marchés du pays, afin de convaincre les populations de la mort du chérif, dont beaucoup malgré ces lugubres témoignages ne doutèrent pas moins, si elles ne doutent encore de la véracité de cette nouvelle.

Ainsi finit l'homme évidemment remarquable qui pendant quatre ans avait tenu en éveil toute la Kabylie, surexcité les haines et les passions de quatre cent mille âmes et attiré sur ce beau pays les fléaux de la guerre.

## IV

Dans tous les temps et chez tous les peuples, il s'est trouvé de ces hommes qui « veulent bouleverser tout et pour parvenir à leurs fins, soulèvent l'ignorante multitude, la multitude qui se nourrit de sédition, sans souci de ce qui doit arriver... (1) »

Ne soyons donc pas étonné de voir sur une terre à demi-barbare, se reproduire les stériles agitations auxquelles les peuples les plus civilisés, ne sont que trop souvent sujets.

Bien que les annales historiques de la Kabylie soient parfois obscures, on peut affirmer que depuis les grandes révoltes de Firmus et de Gildon, jamais ce pays n'avait été si profondément remué. Nous avons essayé d'indiquer les causes si habilement exploitées par Bou Bar'la.

Ajoutons pour terminer cette longue étude, que les insurrections ne présentent pas en Kabylie les caractères politiques et religieux, qui leur sont propres en pays Arabes. Car, nous le répétons, l'esprit de

(1) Salluste : *Catilina.*

nationalité tel qu'on le conçoit en Europe y est pe
développé, il y est divisé, morcelé à l'infini. Chaqu
village, chaque fraction même, est un peuple qu
agit en dehors de ses voisins, sous l'inspiration d
passions particulières.

Les Berbers sont plus jaloux de leur indépendance municipale que de leur religion même.
Plus matériels que les Arabes, il nous appartiennent
aujourd'hui par les liens du commerce et du travail,
autrement puissants que la domination par la force.

Là, est la garantie de l'avenir.

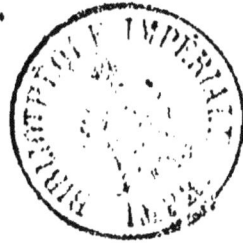

FIN

VERSAILLES. — IMPRIMERIE CERF, RUE DU PLESSIS, 59

www.ingramcontent.com/pod-product-compliance
Lightning Source LLC
Chambersburg PA
CBHW072039080426
42733CB00010B/1940